"十三五"国家重点出版物出版规划项目

图解服务的细节

046

消費者行動の知識

像顾客一样思考

[日] 青木幸弘 著

姜瑛 译

人民东方出版传媒
People's Oriental Publishing & Media
东方出版社
The Oriental Press

图书在版编目（CIP）数据

像顾客一样思考 /（日）青木幸弘 著；姜瑛 译. — 北京：东方出版社，2016.9
（服务的细节；046）
ISBN 978-7-5060-9223-4

Ⅰ. ①像… Ⅱ. ①青… ②姜… Ⅲ. ①营销服务 Ⅳ. ①F719.0

中国版本图书馆CIP数据核字（2016）第227588号

服务的细节046：像顾客一样思考
（FUWU DE XIJIE 046:XIANG GU KE YIYANG SIKAO）

作　　者：［日］青木幸弘
译　　者：姜　瑛
责任编辑：崔雁行　高琛倩
出　　版：东方出版社
发　　行：人民东方出版传媒有限公司
地　　址：北京市东城区朝阳门内大街166号
邮　　编：100010
印　　刷：北京印刷集团有限责任公司
版　　次：2016年10月第1版
印　　次：2024年4月第6次印刷
开　　本：880毫米×1230毫米　1/32
印　　张：6.625
字　　数：126千字
书　　号：ISBN 978-7-5060-9223-4
定　　价：38.00元
发行电话：（010）85924663　85924644　85924641

目 录

序

本书是供读者学习消费者行为论的概念及分析框架的入门书，笔者强烈希望读者能把本书的内容应用到企业参与的市场活动——市场营销中。

企业为了高效推进市场营销活动，必须对市场的构成部分——消费者需求和消费者行为进行深入的理解和准确的分析。因此，20世纪50年代以顾客为本的经营理念——市场营销观念（marketing concept）诞生后，学者们对市场营销中的一环——消费者行为展开了各种相关研究。此后，消费者行为研究在援用经济学、心理学、社会学等相关学科理论和概念的同时不断发展，在进入20世纪70年代之际，消费者行为论已经形成了一个独立的研究领域。

本书力求对消费者行为论的理论和分析框架尽可能做出体系化的、通俗易懂的说明，并且笔者的说明不单纯局限在消费者行为各方面的相关知识，还提供专业知识和结构框架以便读者进一步深入学习。

本书有以下三个特征，这些特征也反映在了全书的构成上。

第一个特征是，为了让读者系统地了解消费者行为，笔者将提供把多种消费者行为区分为几个独具意义的分析对象的角度和方法，同时重视研究消费者行为的历史进程，并会介绍研究的派系。

现实中的消费者行为多种多样，但我们无法逐一进行分析。本书着眼于消费者进行选择的阶层性，将消费者行为区分为"消费行为"和"购买行为"，并介绍各自适用的分析框架（第Ⅱ章）。此外，迄今为止的消费者行为研究均以心理学为中心，积极地引用了相关领域的研究成果，而本书不仅要梳理它们之间的关系，还将介绍"购买动机的探索""行为的测定与预测""内在过程的阐释"三个研究流派，同时还将解说"动机形成""态度"等重要的基础概念（第Ⅲ章）。

第二个特征是，本书不仅分析以品牌选择为中心的消费者的购买行为，还将解说有关消费样式选择及支出分配的消费者行为。

市场营销人员主要关心消费者的品牌选择，所以一直以来他们对消费行为的分析并未做过充分的讨论。关于这点，本书将介绍一种以时间分配理论为基础、聚焦消费样式选择机制的分析框架，对消费行为进行深入的探讨。此外，为了结合生活结构和生活观念来分析消费行为，笔者还将介绍三大研究切入点——生命周期（life circle）、生活方式（life style）和生命历程（life course）研究法。

本书的第三个特征是笔者在分析购买行为的过程中，并未忽视消费者收集、分析信息的能力和动机，这样可以为总结消费者行为的多样性提供新的视角和框架。

具体而言，笔者依据消费者信息处理理论的思维方式、以信息处理的视角来厘清消费者购买决策过程（第Ⅴ章），就消费者拥有的知识所产生的影响（第Ⅵ章）和参与消费过程的影响（第Ⅶ章）进行深入的探讨，前者是消费行为中的能力因素，而后者是消费行为中的动机因素。此外，笔者还将联系消费者的品牌知识结构、参与水平及承诺等概念，对建立品牌的步骤、如何建立与消费者的关系等问题稍作提及。

以上便是笔者撰写本书的初衷。笔者希望它能成为初学者对消费者行为论产生兴趣的契机及进一步深入学习时的入门书，希望它能成为有一定基础或实际从事市场营销的读者重新梳理自身知识的指南。

青木幸弘

[I]

消费者行为与市场营销

1—什么是消费者行为

市场营销是指促使商品和服务从生产者顺利地流向消费者的企业活动的总称，消费者是市场营销的组成部分。为了让企业的市场营销更加高效，我们必须对消费者的需求和行为等市场构成因素做出准确的分析和深入的理解，即我们要分析和理解以下内容：消费者出于何种理由购买商品和服务？采取了何种购买方法？此外，不同的消费者、不同的产品和服务又会使消费者行为产生何种不同？本章将从市场营销的视角探讨我们为何要把握市场、理解消费者。首先我们要明确日常生活中的消费活动和购买活动的地位，并对消费者行为进行定义。

（1）现代社会中的各种消费

我们生活在这个五光十色的现代社会，而"消费社会"一词则表现出了现代社会的一个显著特征。

日语词典《广辞苑》（第6版）如此定义"消费"：①花费，耗尽，用完；②为了直接或间接满足欲望而消耗钱财、服务的行为。此外，《广辞苑》还如此定义"消费社会"："消费领域扩大，看似是消费规定生产的社会。"毫无疑问，今天的日本正可谓是这样的消费社会。

事实上，当我们回顾每天的生活时便能发觉我们正在消费各种各样的产品和服务。我们的消费涉及衣食住行等所有生活领域，同时我们的消费形态和消费特征也是五花八门。例如，我们消费的是食品和日用杂货等一旦被吃完或用完就不复存在的物品（非耐久性资材），我们也消费家电制品或汽车等可以多次或长年使用的物品（耐久性资材），这些被消费的物品在耐久性和使用频度方面各不相同。此外，我们消费的不仅仅是实物，以服务的形式进行的消费也扩展到各个领域，例如我们外出就餐或去洗衣店时，工作人员为我们提供的服务（享受），或我们通过音乐会、旅游获得的某种体验（经验）。

我们的日常生活就是组合搭配式地消费各种各样的商品和服务，而这些商品和服务多依靠企业生产、依靠市场交易，因此我们的消费生活是以购买这些商品和服务为前提的，相反企业的生产也以我们的购买和消费为前提，然而当今社会经常供过于求，消费的动向在很大程度上左右着生产的方式。现代社会正是"看似是消费规定生产的社会"，即"消费社会"。

顺便提一句，2008 年日本的 GDP（国内生产总值）的官方数字总额为 505 兆日元，其中民间最终消费支出为 292 兆日元，因此个人消费占整个经济活动的六成左右（日本内阁府《国民经济计算统计》）。考虑到日本经济的每况愈下，加之个人消费能力的下降及消费冲动的冷却等原因，日本人的消费在宏观经济中的比重实属正常范围。

（2）日常生活中的消费与购买

我们购买日常生活中所必需的商品和服务时必需有资金源。我们将一天 24 小时的生活时间中的一部分用于劳动，而将作为等价报酬收入的工资用作资金源，然后利用剩下的一部分生活时间（广义上的闲暇时间）消费购入的商品和服务。

当然，我们不会立即消费所有通过劳动获得的工资，多数场合我们储蓄其中一部分进行以备"将来的消费"，或用于金融资产（存款、保险、有价证券）、不动产等。通过运用这些资产我们能获得利息、分红、房租和地价等收入。

此外，我们并非无目的、无选择地购买商品或服务，即使没有家庭记账本，我们在消费时也会控制衣食住行等各领域的金钱使用，也会考虑支出分配。

我们的消费生活是时间分配和收入分配（支出分配）相互作用的结果，分配方式反映了个人的生活条件和价值观念等，消费的多样性也应运而生。

图 1-1 是日本总务省《家庭收支调查》中劳动者家庭的收支明细，实际收入减去税金、社会保险费用等剩下的可支配收入约为 44.3 万日元，其中用于消费支出的约为 32.5 万日元（73.4%），剩余的 11.8 万日元（26.6%）用作储蓄以备将来的消费（2008 年一个家庭一个月的平均值）。再看各消费明目构成比例，支出分配为：食物 21.9%、居住 5.9%、光热水 7.0%、家

具和家用品 3.2%、衣服床上用品及鞋袜 4.4%、保险医疗 3.6%、交通通信 14.9%、教育 5.8%、教养娱乐 10.3%、其他 23.2%。

　　这是全体调查对象的平均值，户主的年龄与职业、劳动人员的数量、家庭成员的构成等不同，收入和支出也会相应地产生变化（再看被调查家庭的平均情况，家庭成员 3.45 人、有工作人员 1.68 人、户主年龄 47.4 岁）。此外，支出的分配方式也反映出价值观、生活方式等的不同。

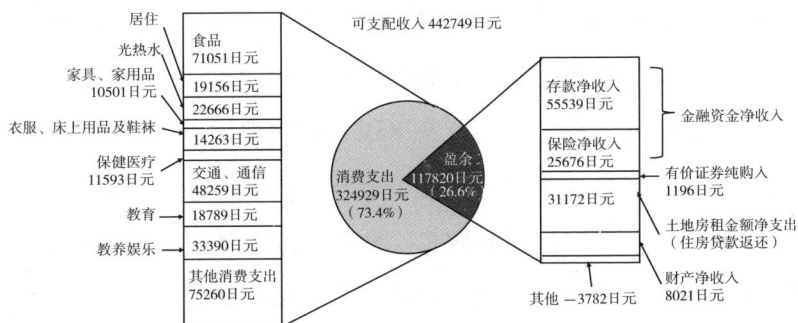

资料来源：总务省《家庭收支调查》。

图 1-1　家庭收支的现状（劳动者家庭、2008 年平均值）

　　我们为了消费商品或服务，有时需要附带开展各种活动。例如，当我们需要购买产品时，我们必须先搜索产品或品牌的特征、可供购买的店铺信息，比较、评价商品或品牌的替代方案，此外我们还要相应地考虑购物方式（去店铺购买？网上购买？）、支付方法（用现金？用信用卡？）、配送方法（自己取货？送货上门？）等并从中进行选择然后执行。

另一方面，产品分为耐久性资材和非耐久性资材，因此购买产品后根据需要还要对商品进行保管、修理和维护。此外，当我们处理商品时也需思考是单纯地扔掉，还是在再利用（回收利用）的基础上加以处理，最终做出选择。

现实消费生活中，我们通过各种组合搭配来消费商品（物）和服务（事），而消费这个行为本身也需要花费时间。例如，我们究竟是购买产品（物）后花费时间来消费（购入食材花费时间烹饪）？还是为节约时间购买服务（外出就餐）？出于不同的考虑，我们的消费方式也会不同。时间分配的问题再度登场，不同的选择方式也会使得消费样式和消费类型产生多样化。

如上所述，在生产和消费出现分化的现代市场经济中，我们在一部分场合作为"劳动者"参与生产，而在大多数场合作为"消费者"消费产品和服务。此外伴随着消费活动，我们还会从事购买、使用、处理等各种活动。本书中也将聚焦我们在日常生活中作为"消费者"的"行为"（行动方式）并展开讨论。

我们并非为了消费而消费，消费的目的在于创造生活、维持生活。有时我们也会采用"生活者"这个词，但在本书中"生活"是我们进行消费的背景。虽然我们对生活的意义和重要性有充分的认识，但为了明确文中探讨的对象，笔者准备统一使用"消费者"这个词。此外"消费者"一词还可细分为"购买者"（buyer）和"使用者"（user），但"消费者"（consumer）一词是包含以上两词的上位概念，因而本书中将决定使用"消费者"

一词。

（3）消费者行为的定义

如前所述，购买、消费（使用）、处理各种商品和服务组成了我们的日常生活，在此笔者重申：消费者为了创造、维持生活进行的活动总称为"消费者行为"。

根据美国市场营销协会（AMA）的定义，消费者行为（consumer behavior）是指"产品市场或服务市场中消费者乃至消费决策者的行为"，并将该词解释为"试图理解、记述该行为的跨学科研究领域"。我们可以看出，在英语表达中并未区分消费者行为本身和以消费者行为为对象的研究领域，然而本书中将用"消费者行为论"（及"消费者行为研究"）一词指代后者。

我们回顾消费者行为研究的历史，最初的研究焦点集中在"人为什么要购买"的消费动机问题和"人采取何种方式购买"的购买行为问题。近年来，"人为何要消费"及"人采取何种方式消费"等消费行为问题也引人关注。此外，研究者们不仅着眼于伴随消费行为产生的购买时的选择行为问题，他们还开始关注消费者购买后的消费及使用过程（请参照本章第 3 节及第 Ⅲ 章）。

因此，近来相关专著中有人将消费者行为定义为"人们在获得、消费、处理产品或服务时从事的诸种活动"[R.D.Blackwell 等的定义（文献 27）]，或"消费者在搜索、购买、使用、评价、处理能够满足个人需求的产品或服务时展开的行动"［L.Shiffman 等的定义（文献47）］。此外，还有人认为消费者行为中包含"如何思考（做出决策）、如何感受的行为，以及做出决策后的结果"（同 L.Shiffman 等的定义）。

请大家注意，通常消费者行为这一概念中不仅有看得见的活动，还包含决策、信息处理等看不见的心理过程，即我们看待"行为"（behavior）一词时既要注意到消费者带有目的的"行为"（act），也不能忽视消费者无意识的"反应"（response）。

本书在上述内容的基础上对消费者行为做出定义："消费者在获得、消费、处理产品和服务时从事的诸种活动（包含决策）"，并展开讨论。

2—如何把握市场？如何理解消费者？

（1）市场营销与如何理解消费者

就像经济学者 J.K.Galbraith 曾用过的词语"丰裕社会"一样，如今已经是物品泛滥的社会，那些迎来大量生产—大量消费时代的各发达国家的消费者在做选择上苦恼不已。在生产总是超过消费的供给过剩的状态下，昔日物资短缺时代的"生产了就一定能卖掉"的情况早已不复存在，"生产能够卖掉的商品"才是企业生存的条件。

追溯历史，由物资匮乏发展为物资过剩的时代洪流中，企业的经营方式也出现了转变：由注重生产的"把生产出的东西卖掉"逐步演变为注重销售的"把生产出的东西卖光"，再发展为注重客户（需求）的"生产能卖掉的东西"。从"以商品为本"到"以顾客（需求）为本"，或从卖方市场的"product out"发展为买方市场的"market in"，企业的思维经过了大幅度的转变，以顾客为本的经营理念——市场营销观念也登上了历史舞台。

以顾客为本的市场营销理念最早于 20 世纪 50 年代在美国登场，那时美国正面对供给过剩问题，到了 60 年代，这个概念得到了广泛普及并确定了下来，同时系统地形成了营销管理论，随即越来越多的研究者认识到理解顾客的必要性和重要性，他们研究消费者行为并将成果运用于市场营销。

例如，市场营销学者 J.A.Howard 在 1963 年出版的专著中把阐释消费者行为当作营销管理的重要课题，并不断引用心理学等相关领域的研究成果提出有助于分析市场营销的架构（文献33）。这一时期剖析市场营销结构的优秀专著不断出版问世，这些研究成果以顾客的立场为大前提，聚焦消费者行为和竞争结构的环境分析、建立市场细分化和目标—市场营销—混合的结构、评价和控制市场营销活动，这些内容逐渐形成了标准化的论述结构。可以说，将市场营销放入分析、计划、实行、控制等管理过程中的分析结构已经确立，而其中消费者行为的分析又被看作是市场环境分析的最重要支柱。

以顾客为本的市场营销和对消费者行为的理解，两者之间建立起了密不可分的关系。2005 年去世的经济学家 P.F.Drucker 曾说"市场营销的目的在于消除销售"，这句话实际上是指如果企业真正理解顾客、能够提供满足顾客需求的产品和服务，那么即使企业不在销售上耗费精力，商品和服务也自然而言地能够被销售出去。

接下来，本节首先将概观营销管理的组成框架，并对推进以顾客为本的市场营销时必不可少的"理解消费者"做简要的梳理。

（2）市场营销的基本步骤

刚才我们也提到 20 世纪 60 年代营销管理已有了系统化的结构，之后它逐步实现了精细化，接下来我们跟随当时对市场营销理论的发展做出巨大贡献的著名市场营销学者 P.Kotler 的见解来概观营销管理的基本步骤。

Kotler 在论述自己关于市场营销的重要概念的著作中就现代市场营销进行了如下定义：

"所谓营销管理，是指选择目标市场，通过创造、传达、提供优质顾客价值来获得、维持、培养顾客的技术。"（文献 40，第 5 页）

在这个定义中，营销人员提供的不只是产品或服务。该书认为：发现尚不完全的顾客需求，对目标市场来说营销人员提供的品质、服务、价格（QSP）的最佳组合即为顾客价值。此外作者并不单单强调获得顾客，还强调维持、培养顾客的重要性。因此，重视顾客价值、重视营销人员与顾客之间的关系，为现代营销管理论的一个特征。

我们首先记住这个定义，然后跟随图 1–2 的引导，一起思考市场营销的具体展开方式。Kotler 把这个图称为营销管理的基本流程，他把创造价值的营销过程看成是五个步骤的连锁。

R=Research（市场营销调查）
STP=Segmentation（市场细分）、Targeting（目标设定）、Positioning（定位）
MM=Marketing Mix（市场营销组合，一般指4P）
I=Implementation（实施）
C=Control（控制：反馈、结果评价、STP战略和MM战略的修正及改善）

资料来源：P.Kotler（2000），对译本第46页进行了修正。

图 1-2　市场营销管理流程

　　企业为了有效开展市场营销，首先要对自身所处的环境，包括市场环境做详尽的调查（R），然后基于获得的信息发现拥有类似需求的消费者群体，并且需要进行市场细分（S）。接下来，当细分出许多消费者群体时，企业要进行目标设定（T），即确定应该锁定哪一部分的消费者，并且为了让目标消费者群在比较其他企业之后能够更加肯定本企业提供的商品或服务的价值，企业必须对自身进行有效的定位（P）。

　　Kotler把S、T、P这三因素定位为战略性市场营销，这个阶段的重点在于对消费者需求有深入的了解。

　　消费者需求通常并不以明确的形式表现出来，有时还存在潜藏的隐形需求，因此企业必须找到消费者真正的需求。此外，企业不仅要在一般层面上掌握消费者生活中的必然需求，还要深层次地看待他们的需求，如消费者追求那些反映自身价值观和生活方式的特定商品或对品牌的"渴望"（wants），或由购买力决定的"要求"（demand）等。把握消费者的潜在需求有助于企业发现新市场，企业通过理解需求的不同性质还可以对市场进行细分。

接着 Kotler 在称为战术性市场营销的阶段中以明确的定位（不同于其他企业的自身特点及具有独特价值的方案）为前提探讨即将落实到具体市场营销中的方针政策，即市场营销组合（MM）。换句话说，市场营销组合（MM）讨论的是应该如何有效且高效地组合 4P 的问题，即产品（Product）、价格（Price）、流通渠道（Place）及促销（Promotion）。

在此阶段，企业正确理解消费者是如何看待市场营销组合（MM）的非常重要。消费者的反应具体来说包括消费者对降价的反应、与媒体的接触状况及店铺选择等诸多内容，它能够决定 4P 的组合方式，也能为下一阶段的市场营销评价提供基准值。

我们可以看出，企业理解消费者需求及把握消费者如何看待市场营销组合（MM）各因素，是企业在市场营销中理解消费者的两大必要支柱。

最后，我们在营销管理的基本流程中将市场营销组合（MM）相关的具体方针政策付诸实践（I）后对结果进行检测和评价，并基于这个评价结果进行调控（C），以期改善下一次的 STP 战略和 MM 战略。

（3）把握目标市场和"7 个 O"

企业为了顺利开展以顾客为本的市场营销，必须了解消费者需求并把握消费者对于市场营销组合（MM）各因素的反应，但当企业开展针对特定客户群的具体市场营销政策方针时，企业必须对目标市场有更为详细的认识。

关于这点，Kotler 整理出把握目标市场的"7 个 O"和为理解消费者的"5W1H"，在此笔者将对此做介绍（文献 38）。

正如在字母顺序中 O 在 P 前面一样，当我们考虑 4P 组合时必须先以"7 个 O"为关键词厘清目标市场的特征（参照图 1-3）。

Product（商品）　品质　特征　样式　品牌　包装　服务

Place（流通）　渠道　覆盖范围　布局　库存　运输

市场营销组合

目标市场
Occupants（主体）
Objects（客体）
Objectives（目的）
Organization（组织）
Occasions（时期）
Outlet（销路）
Operations（活动）

Price（价格）　原价　折扣　支付期限　信用条件

Promotion（促销）　人为销售　促销活动　广告　PR

资料来源: Kotler（1980）。

图 1-3　理解目标市场的"7 个 O"

已有多本消费者行为论的专著对目标市场的特征做过论述，但结合罗马字母的顺序强调其与市场营销的关联性或许更有助于读者进行理解。

① **谁构成了目标市场?（主体）**

消费者构成了目标市场。消费者不同，消费者的行为自然也会产生变化，因此我们需要把握消费者的人口统计属性、职业和收入等社会经济属性、隐私和生活方式差别等消费者属性。此外，阐明这些属性与消费者行为之间的关系（不同属性之间的差异等）能为我们制订市场细分基准和目标设定基准时提供重要信息。

② **购买什么?（客体）**

消费者行为会根据购买对象的不同产生变化。购买对象可以是物（产品）或服务，如果是产品，则分为耐久性资材和非耐久性资材等，购买方式和使用方法也不尽相同，因此企业能够根据消费者行为的不同进行商品分类。近年来，企业将产品参与度（对产品的关注参与程度）作为商品分类标准，这点我们会在后面详细讲解。

③ **为何购买?（目的）**

消费者为满足自身需求而购买、消费（使用）产品和服务，因此询问购买原因即为询问消费者需求，这也是我们理解消费者行为的重要课题。迄今为止已有大量关于消费者需求的层次性、购买动机调查等的研究成果，我们将在第Ⅲ章中进行解说。

④ **谁参与了购买?（组织）**

如果产品或服务为家庭成员所共有或共用，那么"谁以何种方式参与"则是重点。与个人做出购买决策的个人使用型产品不同，我们必须要了解家用产品中谁参与了购买、该参与者在购买过程中发挥了什么作用等。

⑤ 何时购买？（时期）

有些产品或服务，消费者每天都要购买，而另一些产品或服务，消费者一生只购买一次，而且消费者不同购买频度也不同。此外，产品或服务的购买时期问题（即消费者在一生、一年、每月、每周、每天等时间间隔中的哪一点购买）也是理解消费者行为的重点。

⑥ 在何地购买？（销路）

这个购物行为的相关问题包括以下内容：购物时消费者会去店铺购买吗？还是进行网上购物，然后等待送货上门？如果亲自去店铺，消费者会选择什么位置的、什么营业状况的店铺购买？随着网络的诞生与普及，消费者的购物行为正发生着巨变，这也是我们的重要研究课题。

⑦ 如何购买？（活动）

消费者购买的契机是什么？他们在多大程度上收集了怎样的信息？他们会如何货比三家？会基于何种标准做选择？这些都是将购买行为当作购买决策过程进行分析时的问题。关于消费者的购买决策过程，第V章我们会详细说明。

3—消费者行为研究的历史

对于任何一个研究领域，厘清其历史发展过程能够帮助我们准确并系统地把握该领域的研究现状。图 1-4 联系了社会学、心理学等科学领域，按照年代顺序整理出消费者行为的研究历史。接下来，我们一起概观 20 世纪 50 年代以顾客为本的经营理念——市场营销观念诞生后消费者行为研究是如何发展的，并解说接下来几章将探讨的理论和模型在研究史中所处的位置（第Ⅲ章我们还会回顾消费者行为研究的历史，并从"购买动机的探索""行为的测定与预测""内在过程的阐释"三个视角梳理研究史的系谱）。

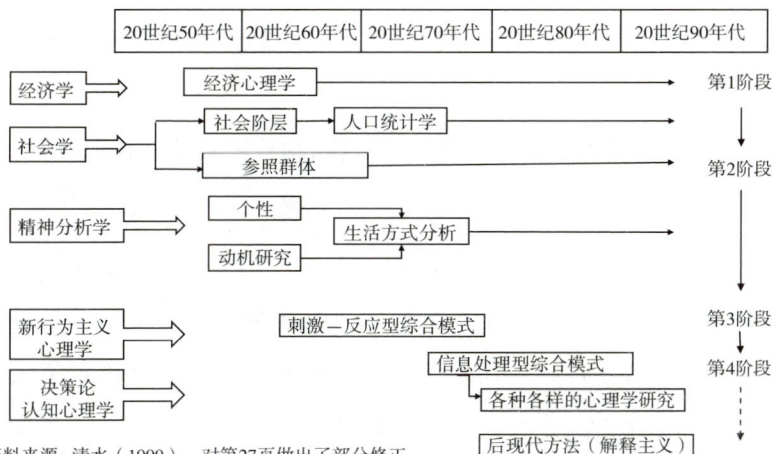

| 20世纪50年代 | 20世纪60年代 | 20世纪70年代 | 20世纪80年代 | 20世纪90年代 |

资料来源: 清水（1999），对第27页做出了部分修正。

图 1-4　消费者行为研究的发展阶段

① **20 世纪 50 年代的研究**

第二次世界大战后，美国率先跃入了大众消费社会，为响应市场营销实际业务的需要，借助各领域的理论、知识和方法论对消费者行为进行直接研究的尝试层出不穷，其中最负盛名的是动机研究（motivation research）。

此项研究正如其名，是为了探索促使消费者产生购买动机的心理机制，相对于"人为什么要购物""如何才能刺激购买欲望"等朴素的疑问，此项研究借用了精神分析学的概念和方法并向其靠拢（具体内容我们将在第Ⅲ章结合动机研究的相关基础概念进行解说）。

② **20 世纪 60 年代的研究**

20 世纪 60 年代，许多拥有不同学问背景的研究者参与到消费者行为研究中，在多方面取得了飞跃性的研究成果。此外学者们还努力尝试构建综合概念模式，该研究领域的知识也逐渐具备了系统性。

首先，品牌忠诚研究采用的是购物日记式的面板调查数据，其继承了 50 年代以来的研究且正方兴未艾，这项研究吸引了 OR（运筹学）和企业管理学的研究者，朝着构建概率型品牌选择模式的方向发展。这一系列的研究在某种意义上可谓是对重视消费者潜在意识的动机研究的一种反作用。将分析对象限定为可以被观察的行为，采用客观的科学的研究方法，这是这一阶段消费者行为研究的特征。此外，这项研究的许多学者以"刺激"与"反应"的视角来理解消费者行为，因此形成了所谓的刺激—反应（S — R）研究法（具体内容我们将在第Ⅲ章结合品牌选择模式进行解说）。

60 年代后半期，消费者行为的综合概念模型还引入了"态度"等参数，构建出了霍华德—谢思模型（Howard — Sheth Model）[笔者将在第Ⅱ章对构成综合性概念模型的布莱克威尔模型（Blackwell Model）进行解说]。

③ 20 世纪 70 年代的研究

进入 20 世纪 70 年代，消费者行为研究成为了一门独立的科学领域，同时这一时期的研究模式从刺激—反应研究法转变为消费者信息处理研究法。

此处的消费者信息处理方法（或称消费者信息处理理论）是受认知心理学等的影响而形成的新型消费者行为分析框架，是聚焦于消费者主动进行信息搜索、获取、处理等内在过程的研究的总称。具体而言，此方法的主要内容有消费者信息搜索行为和选择策略的相关研究，或广告信息处理的相关研究。1979 年的贝特曼模型（Bettman Model）问世，该模型可谓是该项研究的集大成者（具体内容将在第Ⅲ章进行解说，但本书主要分析消费者行为，因此在介绍消费者信息处理理论时只能附带讨论贝特曼模型）。

④ 20 世纪 80 年代的研究

这一时期的消费者行为研究，一方面将信息处理理论确立为主要研究模式并不断努力将其精细化，另一方面新的研究方法作为信息处理理论的反论或异议正在强势崛起。

例如双重加工模型（Dual Process Model）便是前者的例证，在该模型中消费者进行信息处理的水平和样式受"动机"的强弱和"能力"的程度制约，而详尽可能性模型（Elaboration Likelihood Model，或简称为 ELM）最为人熟知，该模型将说服方式决定的态度变化区分为中枢路径和边缘路径。此后，20 世纪 80 年代学者们开始着力研究动机变数"参与"与能力变数"知识"的效果（具体内容笔者将在第Ⅵ章和第Ⅶ章分别对"知识"和"参与"进行解说）。

另一方面，作为消费者信息处理理论的反命题，强调情感和情绪作用的非认知性模型正在蓬勃发展，强调消费经验的消费体验论和后现代研究法也有了长足的进步，这些研究成果在90 年代以后也得到了继承。

⑤ 20 世纪 90 年代的研究

此后，消费者行为研究更加多样化，涉及的领域也更加广阔，因此我们很难把握该研究的整体情况，但此时期消费者信息处理理论的思考方式依旧是重要的分析方法，被品牌知识结构研究等继承。另一方面，学者们更加关注消费者体验论和情感、情绪的作用，最近有的学者甚至将行为经济学、脑科学研究的成果及方法论吸收到消费者行为研究中。

例如，20 世纪 90 年代后学界对品牌问题的关注度骤然提升，品牌知识结构研究非常活跃，在某种意义上它已经成为连接消费者行为研究与市场营销战略之间的一个节点（关于消费者的信息处理和品牌知识，我们将在第Ⅵ章进行解说）。另一方面，消费体验论延续了 80 年代的研究潮流，研究对象从"购买"扩大至"消费"，或由"消费者行为研究"扩充为"消费研究"，方法论方面也主张使用解释性方法而非一直以来的实证性方法。

此外，最近学界中还出现了新的动向，学者们更加关注受到行为经济学影响的购买决策中的情感作用，而伴随脑科学研究进步的结果，通过 fMRI（Functional Magnetic Resonance Imaging，功能性磁共振成像）、PET（Positron Emission Computed Tomography，正电子发射型计算机断层显像）等非侵入性方法，消费者信息处理与大脑活动部位之间的关系也正在得到阐释（本书不涉及这部分内容）。

4—本书的构成

本章明确了消费者行为的内容并对其进行了定义，同时概观了市场营销研究的必要性、研究课题和研究历史。最后，笔者想展示本书的构成，并对接下来各章的概要进行简单的介绍。

第Ⅱ章将总结分析消费者行为的基本视角与分析框架。首先笔者将介绍"集合水平"和"选择的层次性"这两个分析标准所需的基本视点并提出研究消费行为和购买行为所需的分析框架，接着就购买行为的研究，笔者将利用购买决策过程的概念模式总结外在影响因素和内在个人差别因素。

第Ⅲ章将重新回顾消费者行为研究的历史，展示以下三个分析课题的研究流派：①"购买动机的探索"（动机研究的流派）、②"行为的测定与预测"（品牌选择模式的流派）、③"内在过程的阐释"（消费者信息处理理论流派）。

第Ⅳ章将着眼消费行为水平，它是分析消费者行为的基准；同时笔者还将以时间分配理论为中心解说消费样式的选择机制。此外本章还将介绍生命周期研究法、生活方式研究法、生命历程研究法等消费行为的分析方法，同时还将讨论近年来家庭与家计变化给消费结构变化带来的影响。

第Ⅴ章在集中论述购买决策过程的同时讨论购买行为。具体而言，本章将说明购买决策过程的各个阶段，而这个过程通常始于对问题的认识和信息的搜索，本章还将涉及购买行为的类型和决策过程的变化。

第Ⅵ章将重点讨论消费者信息处理过程和知识形成问题，笔者将联系知识结构介绍范畴知识结构、联想网络（associative network）、激活域（evoked set）等话题。此外，本章还将归纳整理品牌知识的结构，解说品牌构建的步骤。

第Ⅶ章将探讨消费者参与的问题。笔者将联系参与水平与消费者行为（信息处理）的关系、产品参与与品牌承诺的关系，解说企业应该如何与消费者建立联系。

现实生活中的消费者行为多种多样，但我们无法逐一分析，我们必须找到适用于各种局面的分析视角和分析框架。因此，笔者在接下来的各章中都将尽可能采用紧凑精炼的形式向大家展示研究的基本视角、研究框架和基本概念。

［Ⅱ］

消费者行为的分析框架

1—消费者行为的分析视角

笔者在第 I 章已经提及，现实生活中消费者行为多种多样，但我们无法逐一分析，要先根据目的划分对象，然后根据对象设定相应的分析视角和分析框架。这就是本章的主旨。本章将把多样性的消费者行为区分为具有独特意义的分析对象，并提出各分析对象所需的分析视角和分析框架。本节将关注设定消费者行为分析水平的基准——"集合水平"与"选择的层次性"，再区分研究对象。

（1）着眼于集合水平的分析层次

我们探讨与消费相关的现象时必须考虑分析对象的集合水平问题：究竟是分析单个消费者的行为？还是聚焦市场整体（或社会整体）的消费现象？

当我们着眼于集合水平时，可用以下两种分析水平来探讨广义的消费者行为：它是指聚焦于各消费主体行为的"个别行为"？还是指聚焦于个别行为聚合成社会过程、社会现象的"集合行为"？此外，"个别行为"根据不同的理解方式又可按"个人行为"、"相互作用"和"集团行为"三个层次进行类型化区分（参照图 2-1）。

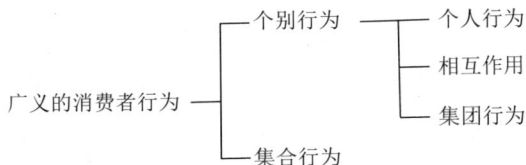

图 2-1 消费者行为的集合水平

① 个人行为

这是关注消费者个人行为的分析层次。在许多场合中学者们会关注消费者个人层面的产品选择、品牌选择、店铺选择等选择行为，并分析其中的决策过程或信息处理过程。这在迄今为止的消费者行为研究中是最经典的分析层次，它借用了心理学等研究个人行为的学科领域的理论和成果并逐步发展。本书中也基本聚焦于个人行为层面并展开讨论。

② 相互作用

这种分析层次并不关注个人行为，而是着眼于个人间的相互作用过程。我们用送礼做例子，买产品的人自身并不消费它，产品消费就在送礼物的买方和使用礼物的接受方之间的相互作用中得以完成，即产品和服务以礼物的形式被送出、被接受，在这个过程中两者间进行了交流（传达了感谢之情和好意），关系得到了维持、强化。我们通过关注买方和接受方的相互作用过程看到了礼物消费的本质。

③ 集团行为

这种分析层次关注集团行为，包括集团成员间的关系和各自承担的作用。例如我们以家庭作为分析单位考察家庭成员承担的作用及共同意见决策过程，这就是集团行为的分析案例。当家庭成员共有、共用家用产品时，负责产品的选择、购买、支付、使用、管理的成员便是分析对象。此外，有的学者还会研究夫妇针对不同的产品或服务会产生何种不同的购买方式。

④ 集合行为

这种分析层次关注的不是个人或集团的个别行为，而是多数个别行为集合后的结果——社会过程、社会现象。例如，"流行"现象或新产品的"普及"过程等就是应当被视为集合行动、集合现象的典型例子，当然我们也可能站在个人行为（采用行为）的层面上分析个人是如何吸纳新时尚或新产品的，然而一旦我们需要讨论新时尚或新产品在整个社会（市场）上的流行或其普及的速度和方式等问题时，就必须站在集合行为的层面上进行分析。

市场营销是企业参与到市场中开展的活动，就市场营销的性格而言应该把市场层面的消费问题当作分析对象，然而迄今为止的消费者行为研究多采用间接方法，将研究对象分解为消费者个人、各家庭、家庭生计行为后再做分析。本书在论述时也基本从个别行为的分析层面重点讨论个人行为。

（2）着眼于选择层次性的分析层面

即使我们按集合水平的观点将分析对象限定为个人行为，

分析对象中也依旧包含着多层面的选择，我们必须对这些选择进行整理后加以分析。当我们关注"选择的层次性"时，广义的消费者行为可划分为以下四个层面：① 消费行为、② 购买行为、③ 购物行为、④ 使用行为（参照图 2-2）。

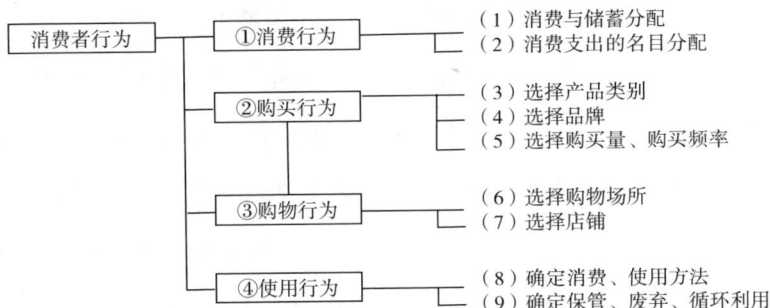

```
                            ┌─(1)消费与储蓄分配
消费者行为 ──┬── ①消费行为 ──┤
            │               └─(2)消费支出的名目分配
            │
            │               ┌─(3)选择产品类别
            ├── ②购买行为 ──┼─(4)选择品牌
            │               └─(5)选择购买量、购买频率
            │
            │               ┌─(6)选择购物场所
            ├── ③购物行为 ──┤
            │               └─(7)选择店铺
            │
            │               ┌─(8)确定消费、使用方法
            └── ④使用行为 ──┤
                            └─(9)确定保管、废弃、循环利用
```

资料来源：井关（1974）、三浦（1992）、杉本（1997），对其中一部分进行了修正。

图 2-2   消费者行为的阶层性与分析层面

① 消费行为（消费样式与消费支出的选择）

我们消费者将一天 24 小时的生活时间分为劳动时间和（广义的）闲暇时间，我们用通过劳动交换而来的资金源购买生活必需的产品和服务，这种与收入分配相关的行为称作"消费行为"，具体指①消费与储蓄分配、②消费支出的名目分配。消费者的生活样式、消费样式反映着消费者的价值观念，而支出分配也是消费者生活样式、消费样式的选择问题，如我们究竟选择现在消费、还是将来消费（储蓄）？我们究竟选择产品（物）还是服务？我们的消费比重应向衣食住行中的哪一项倾斜？此外，消费行为的变化在宏观上会对市场的动向（发展或衰退）产生影响，成为产业结构变化的间接原因。因此，迄今为止许多研究者都投身于消费者行为分析以期待找到市场商机（如消费者生活方式变化的分析等）。

② 购买行为（产品、服务的选择与采购）

"购买行为"指消费者行为中以具体形式采购产品或服务的相关行为。狭义的购买行为包括③选择产品类别、④选择品牌、⑤选择购买量、购买频率等，广义上则包含接下来将要论述的购物行为（参照本章第3节）。购买行为对企业（尤其是生产商）来说是市场营销中的一大密切关注点，因为它直接关系到企业产品、企业品牌的销售额和市场份额。迄今为止围绕品牌选择的研究已取得丰硕成果。

③ 购物行为（购物场所的选择与外出购物）

"购物行为"是指购买行为中包含的以下内容：⑥选择购物场所、⑦选择店铺。购物行为不仅有消费者实际前往店铺的地理性行为和空间性行为，还包括买方在家进行的无店铺购物（包括网购等的函售），甚至还可以分为在银座、新宿和涩谷等商圈或在三越、伊势丹等商铺间进行的店铺间购物行为，以及在特定店铺的卖场内或卖场间进行的店铺内购物行为，因此关注"去哪里购物"或"购物的结束点在何处"等的购物行为分析对零售企业来说尤为重要。例如，有关店铺间购物行为的分析可以用于商铺选址及商圈等问题，而店铺内购物行为的分析可以用于卖场布局和商品陈列等店头营销。

④ 使用行为（产品、服务的使用与处理）

消费者行为不止于购买产品或服务，消费（使用）后进行的处理、扔弃才是消费行为的完成。"使用行为（处理行为）"指购买产品、服务之后⑧确定消费、使用方法；⑨确定保管、废弃、循环利用等部分。例如产品的使用方法这一视角与产品开发、产品改良息息相关，而近年来将处理、废弃、回收再利用与环境问题相结合的分析研究也愈发重要。

综上所述，当我们着眼于选择的层次性来整理消费者行为的分析层次时，迄今为止的研究多聚焦于购买行为中的品牌选择，然而如果我们以顾客价值的观点来思考，那么分析的重点不在于购买而在于与消费相关的"经验"部分，因此近年来学界一直在强调与消费过程相关的研究的重要性。基于以上理由，本书不仅会论述购买行为，还会讨论消费行为（不仅包括支出分配的问题，还包括消费样式的选择及部分使用行为）。

2—消费行为的分析框架

本节将聚焦消费行为的分析层次，探讨我们在分析消费样式的选择和支出分配问题时应该有何种分析视角和分析框架。具体而言，本节将关注生活资源的分配行为——生活行为的整体，重新确认消费行为在整个生活行为中的位置。此外，本节也会整理消费行为的要点——消费样式的选择机制的基本思路。

（1）生活资源分配与消费行为

如上所述，我们消费者每天利用生活中的各种资源（时间、劳动收入、空间等）来解决各种各样的问题，对生活本身进行"再生产"。例如时间是我们最基本的生活资源，我们将一天24小时分为劳动时间与（广义的）闲暇时间，将劳动收入分为消费和储蓄（将来的消费）。我们将分配给消费的收入用于购买产品或服务，然后把购入的产品或服务与闲暇时间（闲暇时间＝24小时－劳动时间）、生活空间进行排列组合，由此再对每天的生活进行再生产。

如果我们把这样的生活资源分配行为称作"生活行为"，那么消费行为只是生活行为的一部分或一个侧面，是一种"收入分配"的经济资源分配（具体而言指家庭生计分配）。此外，生活行为受到家庭和家庭生计所处环境（生活环境）、意识（生活观念）或结构（生活结构）的影响，如果我们基于这三者的整体来整理消费行为（及其下位的购买行为、使用行为）的规定机制，则能得到图 2-3。

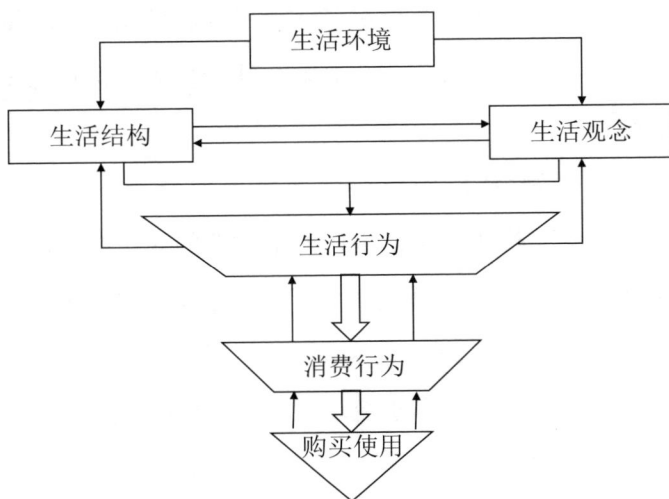

资料来源: 井关（1974），对第 67 页做了部分修正。

图 2-3　消费行为的规定机制

如图所示，以生活环境为背景、在生活结构—生活观念—生活行为三方面的组合关系中试图说明生活主体行为的分析方法被称为生活体系研究法。本书以此说明图为依据，将消费行为看作生活行为的一部分，并联系时间、空间等其他生活资源的分配进行分析。具体内容笔者将在第Ⅳ章进行解说，以下则是此分析框架内包含的各构成概念的内容。

① 生活环境

生活环境指经由生活结构或生活观念对生活主体——家庭成员及家庭生计产生间接影响的外部环境因素群。具体而言包括人口动态、经济动向、政治形势、社会风潮、社会制度、技术动向等宏观因素，例如经济状况或雇佣状况等经济动向会对生活主体的收入方面产生影响，社会风潮等会对意识方面产生影响。

② 生活结构

生活结构作为生活主体的结构性侧面，指规定生活资源的数量及内容、为生活行为赋予条件、制约生活行为的因素群，具体而言包括家庭收入、家庭构成、居住形态、资产保有方式等。其中，家庭收入等属于流动性因素，资产保有方式等是过去生活行为（此处指收入分配）的结果，属于储备性因素。

③ 生活观念

生活观念作为生活主体的价值意识，是与生活结构不断相互作用、为生活行为指明方向的因素群，具体而言包含价值观、生活信条、生活目标、生活规划、归属意识、态度、动机、个性等。

④ 生活行为

生活行为是生活主体受生活结构和生活观念的直接影响、受生活环境的间接影响而开展的行为，具体可被看作时间、收入、空间等生活资源的分配行为。

⑤　消费行为

消费行为指生活行为中与经济资源——收入分配相关的行为，具体指消费与储蓄的选择、经费项目的支出分配等内容，它们在时间分配与空间分配的相互作用中得以实施。

⑥　购买、使用行为

购买、使用行为指支出分配这个消费行为完成后、具体采购商品或服务的行为（购买行为），以及实际消费、使用、处理、废弃所采购的产品或服务的行为（使用行为）。

此外如图2-3中双向箭头所示，各因素之间及行为层面之间存在着相互作用，例如生活观念不仅引领生活结构的方向，生活观念本身也受到生活结构的制约（生活规划或生活目标不同，家庭构成和居住形态也各异，相反生活规划也会因家庭收入而改变）。此外生活行为是一种生活资源分配，它受到生活结构和生活观念的制约、引领、控制，但从中长期来看生活行为正不断地修正生活结构和生活观念。购买行为或使用行为的结果也会反馈给消费行为，甚至是生活行为。

综上所述，我们不能把消费行为单纯地限定为收入分配或支出分配，必须把它置于生活资源分配的框架内才能够对它有系统性的理解。

（2）消费样式的选择机制

作为生活主体，家庭成员和家庭生计行为不论在生活资源分配相关的生活行为层面或收入分配相关的消费行为层面，都通过每天生活中的不断反复和程式化而逐渐有了固定的形态或样式，如果我们把生活行为和消费行为中的形态或样式分别称作"生活样式"及"消费样式"，那么分析它们的选择机制、把握它们变化的方向性则是我们进行消费行为研究的最重要课题。思考消费样式的选择问题的重点在于，消费时不仅需要收入，还需要时间等生活资源，而这些生活资源的成本决定了消费者的消费样式。

经济学家 Becker 认为，几乎所有的消费都需要在家庭生计范围内进行最终加工，而承担家务活动的这部分通常被称作"家庭生计内生产"，此外家庭生计将部分家务以在市场上购买服务的形式实现外部化，因此消费者在选择消费样式时必须考虑该家庭生计的时间成本（这部分时间劳动收入即机会成本），才能在家庭生计内生产和市场购入（家务的外部化）中做出选择（文献 24）。

基于这种考虑，产生了两种消费样式：一种是时间集约性的家庭生计内生产型消费样式，这种消费行为需要将大量生活时间投入家庭生计内的最终加工、耗费劳动和时间；另一种是时间节约性的市场购入（外部化）型消费样式，这种消费尽可能将家务外部化，使用加工度、完成度高的产品（购买后就能立即消费的产品）或服务。这两种消费样式处在天平的两端，而消费者根据时间成本从中选择符合自身的消费样式。

　　我们以就餐方式为例，家庭生计内生产型消费样式包含购买食材花时间烹饪后再享用的传统型"内食"（在家就餐）模式，市场购入（外部化）型消费模式则包含去餐馆等地就餐的"外食"模式。此外在"内食"和"外食"中间还存在"中食"模式，如使用真空软罐头食品等加工度高的食品或便当、家常菜等。消费者在多大程度上选择何种消费样式，最终购买了何种产品或服务，都需要根据该家庭生计的时间成本进行综合考虑。

　　当然，消费样式的选择还与时间成本以外的因素直接或间接相关。例如，通过限制预算的形式，收入直接影响消费样式的选择、或借助时间成本间接影响消费样式的选择。此外，家庭生计的规模（家庭成员人数）不同、价值观念不同，消费样式的选择方式也会产生变化，不同的产品与服务的组合将被顾客最终消费。

　　第Ⅳ章在强调消费样式的选择与家庭、家庭生计结构、观念的关联性的同时解说消费样式的选择机制、消费模式的分析视角和分析框架。具体而言，笔者将会介绍消费行为的研究视角——生命周期、生活方式、生命历程这三种研究方法，并主要依据"时间分配理论"解说消费样式的选择过程。

3—购买行为的分析框架

本节将聚焦购买行动，明确其基本的分析视角和分析框架。具体而言，笔者将再次整理购买行为中的选择问题，然后探讨将选择问题作为购买决策过程而进行分析的意义。

（1）购买行为中的选择问题

购买行为如其字面意思所示，是指购买、取得、保有产品或服务的行为的总称。消费行为是通过选择消费样式和决定支出分配来明确消费内容大体框架的行为，而购买行为则是在这个大框架内明确何时、在何处购买多少数量的何种物品，是将消费内容具体化的行为。

如果我们用前述的"选择的层次性"观点来看待购买行为，那么广义上的购买行为包含以下五种选择。

① **产品类别的选择**

关于产品类别的选择，我们将在第Ⅴ章进行解说，但购买行为始于日常生活中的需求和问题意识（认识到理想状态与现实状态间的差距），此时作为满足需求和解决问题的手段，挑选何种产品类别便成了最初的选择层面。

例如，炎炎夏日我们感到口渴时便想买饮料缓解口渴的状态，这时我们会纠结买瓶装的绿茶或听装的啤酒，这种层面的选择便是产品类别的选择。又如独自午餐时我们会在汉堡包和便利店的便当中做选择，换电脑时我们会在台式机和笔记本中做选择，虽然类别不同、各类别的级别不同，但都是产品类别的选择。

② **品牌的选择**

我们为了满足需求要选择特定的产品类别，接下来我们需要在这个产品类别内进行品牌选择。

通常在产品类别中围绕消费者的选择会存在数个有竞争关系的品牌，每个品牌都有不同的特征（差别点）。

例如在啤酒这个产品类别内有朝日的"舒波乐啤酒"、麒麟的"一番榨"、三得利的"麦芽威士忌"、札幌的"惠比寿"等品牌可供选择；绿茶的范畴内，有伊藤园的绿茶系列、麒麟饮料的"生茶"、三得利的"伊右卫门"等品牌可供选择，每一种品牌都有独特的制法和味道。

消费者根据昔日的购买、使用经验积累下的品牌知识，以及通过搜索获得品牌相关的新知识，然后参照自身的评价基准进行品牌选择。购买行为的研究通常关注这样的品牌选择、试图着力阐明选择的基准和购买决策的准则。

③ **购物场所的选择**

我们通过前面两种选择明确了购买的产品类别和品牌，下一个阶段就要确定购入、保有该产品的方法。我们为了购入产品通常会选择前往实体店铺购物或依赖于函售及上门销售等方法，总之这是一个选择购买场所的问题，消费者要选择究竟是外出还是待在家。现在，我们把选择包括自己家在内的购物场所的相关消费者行为称作（广义的）"购物行为"，那么购物场所的选择可谓是重点探讨"在哪里"的消费者行为分析问题。此外，消费者实际前往店铺的行为被称为"外出购物"，而外出购物包含城市、商区、店铺、卖场等各种级别的购物场所的选择。

④ 购入数量和支付方式的选择

购买行为包含产品的购入和保有，其中确定购入数量和购入频度及购入时间非常重要。

例如选择食品或日用杂货等购买频度高的产品时，我们究竟是在需要时购入一次所需的量（少量现用购买）？还是在特卖等低价时期一次性大量购买（集中购买）？像这样，消费者需要考虑购买数量、购买频度和购买时间的选择问题。

当然，对于家电、住宅等购入频率很低的产品的话，确定它们的购入时期非常重要。此外，消费者在选择支付方式时，也有多重问题需要考虑：是用现金支付？还是刷信用卡（信用销售）？使用信用卡时选择全款还是分期？近年来，电子货币和网上支付等新型结算方法相继登场，消费者有了更多的选择。

（2）购买行为与购买决策过程

购买行为包含许多层面的选择，我们在分析这些选择时通常将其视为决策问题，接下来笔者将要论述以下三点：① 购买行为中购买决策的特征、② 购买决策过程、③ 购买决策中的信息处理。

① 购买行为和购买决策

"决策"（decision-making）通常指在"从多个选项（替代方案）中选择一个选项"，这个概念包含我们做选择时的各种各样的判断（对选项评价基准的判断，以及对采用的决策准则的判断等）。

例如某消费者要购买电脑（PC），他必须从市场中多数 PC 机种和品牌中决定购买哪一台，此外还需决定在何处购买电脑（包括网购等方式）。像这样，在一般的购买状况中进行的品牌选择和店铺选择的相关决策称为"购买决策"。

几乎所有的消费者在选择 PC 的机种和品牌时都会比较、考虑产品属性，如价格、功能和性能（CPU 的处理速度、内存和硬盘容量等）、款式设计、预装软件、保修时间等。此外，消费者在选择购买产品的店铺时也会对位置、商品种类、折扣程度、待客态度、是否有免费配送等店铺属性货比三家。像这样，品牌或店铺等选项（代替方案）通常拥有多个属性，在比较、考虑多个属性后进行的购买决策就叫"多属性型决策"。

最后，在购买汽车、住宅等大型产品时，多数场合购买决策的主体并不是个人而是夫妇或家庭，这类主体进行的购买决策叫作"共同决策"或"集团决策"。本书为了简化讨论，将论述的内容限定在个人单独进行的决策（个人性决策）。

② 购买决策的过程

当我们站在决策的视角看待购买行为时，它就不再是一时的"购买行为"（支付后获得产品或服务的直接行为），我们必须按照购买行为前后的各种活动将其看作一连串的"过程"。此处的"过程"概念是指将购买决策看成相互关连的几个阶段相继（连续）发生的状态或路线。

当我们把购买行为看成决策过程时，一般可将购买行为划分为购买前（pre-purchase）活动、购买（purchase）活动和购买后（post-purchase）活动三个环节，这三个环节又可被区分为问题意识、信息搜索、代替方案评价、选择和购买、购买后评价这五个阶段。

购买前活动：这一环节开始于"问题意识"，终止于"信息搜索"。前者是购买行为的契机，后者的目的在于取得选择所必要的信息。

购买活动：这一环节是基于"代替方案评价"进行的实际的"选择、购买"行动。其中"代替方案评价"的目的在于决定应该购买的品牌。

购买后活动：这一环节包含购买后的产品的使用、处理以及"事后评价（购买后评价）"。

此外，购买后活动中的废弃、处理等步骤有时也算作购买决策过程的一个阶段，但本书关注品牌选择相关的购买决策本身，所以不涉及此种情况。

③ 购买决策与信息处理

购买决策过程同时也是信息处理过程，下一节将涉及的Blackwell 等人建立的模型也是一种将信息处理流程模式化的产物，它与从信息搜索环节至代替方案的评价、选择、购买等的各环节息息相关。

根据第Ⅲ章介绍的消费者信息处理理论，我们发现消费者在面对、解决问题时会主动搜索、获取信息，同时还会处理收入信息、将新信息与已有信息（知识）统合后做出购买决策，因此信息处理的方式对选择结果产生了很大的影响。

本书首先在第Ⅴ章概观购买决策过程，然后在第Ⅵ章对信息处理机制进行解说。

4—消费者行为的规定因素

不仅是消费者行为研究，只要是说明对象的机制时，我们都必须厘清并呈现出相关因素间的关系。在此过程中，"建模"的观念格外重要。本节将以针对消费者购买决策过程的概念模型为依据，对影响消费者行为的各因素进行简单论述。

（1）消费者行为的概念模型

一般而言，"模型"（model）是指"模仿问题事项或问题对象，然后进行类比、简化后的东西"。模型有很多种，如模拟建筑物的实际形状、外观，按比例进行缩小的微缩模型或塑料模型（材质或素材与实物不同），穿着服饰的模特假人（与实际购买、穿着衣服的人不同），将事项或对象的结构进行抽象化、经过理论层面的升华后形成的理论模型（抽象出问题及因素以外的内容）等，然而只提取问题对象或事项的某个侧面、某个部分、某种关系，这是所有模型的共同点。

其中，理论模型是"针对作为研究对象和分析对象的现象，识别、抽取出其重要侧面或因素并采取某种形式表现出它们之间关系的东西"，它作为消费者行为的分析框架有助于我们的研究。

下面笔者将着眼于消费者购买决策过程，重点论述使信息处理过程产生关联性、系统性的布莱克威尔 – 米尼阿德 – 恩格尔概念模型（Blackwell–Miniard–Engel Model，以下简称 BME 模型）（文献 27），并基于此概念模型明确信息处理过程中各因素、各步骤的相互关联性、基本流程及各影响因素的地位（参照图 2-4）。

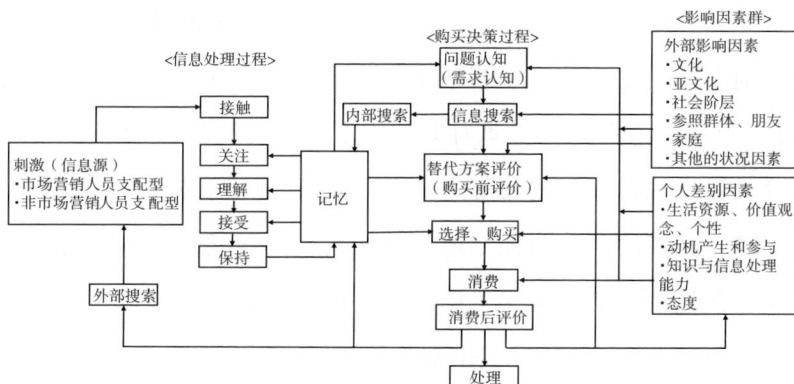

资料来源：Blackwell, Miniard and Engel (2005)，对第85页做了部分修正。

图 2-4　购买决策的概念模型（BME 模型）

① 模型的结构

BME 模型的说明图是一个综合性概念模型，它以购买决策过程中"问题认识（需求认知）"环节到"处理"环节的各个阶段为中心，包括影响各个阶段的"个人差别因素群"和"外在因素群"、通过信息搜索及与外部信息源接触而启动的"信息处理过程"、反馈循环等，即它是一个概念模式，同时也是将因素间的关联性用流程图的形式画出的图示。此外，因为它综合性地包涵了大范围的因素群，所以我们无法对它的全体进行实证，然而 BME 模型能成为有助于我们把握购买决策过程整体的一个鸟瞰图。

② 购买决策过程

购买决策过程是整个 BME 模型的核心，在这个过程中设定了始于问题认识（需求认知）的七个阶段的步骤，而加入了"消费"和"处理"两个步骤是这个模式的特征。此外这个模型中特别需要注意的是以下三条路径：购买后评价经由记忆通往问题认识的反馈循环（及通往替代方案评价的反馈）、从信息搜索阶段经由内部搜索通往记忆的路径，及记忆对替代方案评价、选择、购买的影响路径。过去的购买、消费经验以知识的形式储存在消费者的记忆中，影响着之后的购买。本书将在第 V 章说明购买决策过程中除去消费与处理的五阶段模型。

③ 信息处理机制

另一方面，如果信息处理过程因与外部信息源（刺激）的接触而被驱动，那么我们可以利用储存在记忆中的已有信息（内部信息）来理解（解释）这个过程中涉及的外部信息，随即一部分外部信息被接受后将保留在记忆中。消费者的信息处理能力有限（受制约），不可能注意到所有信息，此外消费者对关注的信息也会做出主观化或精简化的操作，这个精简化信息的典型例子就是品牌印象。我们在第 VI 章中，会对消费者信息处理过程与品牌知识问题进行解说。

④　个人差别因素群和外在因素群

购买决策和信息处理必然会因人而异，也会受到消费者个人所处的环境因素、其他状况因素等外在因素群的影响。BME模型中探讨的个人差别因素是指动机产生和参与，知识与信息处理能力、态度、生活资源、价值观念、个性等。另一方面，外在因素群又包括文化与亚文化、社会阶层、参照群体、朋友、家庭与其他状况因素等。

接下来我们将单列两小节说明BME模型中包含的各因素。

（2）产生个人差别的内部因素群

消费者行为的多样性中包含着消费者自身特有的各种条件，或因内部因素产生的个人差别。BME模型中涉及了以下因素。

①　人口统计属性、价值观念、个性

消费者的男女性别及儿童、青年、中老年等年龄差异会产生必需产品和服务的差别，也会产生对同样产品不同品牌的偏好。此外，即使性别、年龄等人口统计属性相同，价值观念和个性的差别也会导致消费者行为出现多样性。这些因素与价值观念和个性相关，被称作心理记录图表因素或生活方式因素，对此我们将在第Ⅳ章中进行解说。

②　生活资源与信息处理能力

时间或收入等生活资源、信息处理能力不仅使消费者行为产生多样性，同时也是其制约条件。一天24小时的生活时间看似人人平等，但消费者是单身或与伴侣、家人一同生活，那么可利用时间会出现巨大差异。此外，职业、职位会限制消费者的收入，共同谋生的人数和收入不同，消费者可支配的收入金额也会存在明显差别，而消费者的信息处理能力更是千差万别。我们可以看出，生活资源和信息处理能力中的个人差别是消费者行为多样性的重要源泉，不仅资源和能力的总量会影响个人差别，有限的资源和能力的分配方式也会让个人差别产生更大的分化。关于生活资源，我们将在第Ⅳ章进行探讨，关于个人信息处理能力将在第Ⅵ章涉及。

③ 动机的产生和参与

人类行为的背景中存在着驱使人行动的因素（动因），从想满足生理匮乏到想满足各种欲望，动因在不断增强，而当人们获得满足欲求的诱因后，动因会减弱。在购买行为的大背景中，满足消费者欲求的产品或服务是诱因，而消费者购入、消费、使用产品或服务后，动因会减弱。另一方面，我们基于生理需求通过经验和学习获得更高层次的需求，并学习满足这些更高层次需求的诱因——产品或服务的价值。这一连串的过程被称为"动机的产生"，是说明消费者面对产品或服务时的行为的重要机制（第Ⅲ章我们会结合动机研究进行具体解说）。另一方面，参与是指以动机产生机制为前提，与产品或服务、欲求或价值相结合形成的有具体目标的激活状态。例如，如果消费者的参与水平高（高度参与），那么消费者行为会更加有活力、信息处理也会更加积极。反之，如果消费者的参与水平低，那么消费者行为或信息处理活动的程度也会受到制约。关于"参与"，我们将在第Ⅶ章进行解说。

④　**知识**

消费者的行为或处理信息的活动不仅受动机和参与水平的影响，还因消费者在多大程度上掌握了有关产品或服务的何种知识而产生巨大差异。消费者通过经验和学习获得关于产品、服务或购物场所（店铺）等的新知识，这些新知识也逐渐被重构。例如，消费者不单单通过经验和学习零散地积累关于每个产品的特性或属性，他们还将这些产品知识按照不同的产品类型和消费目的进行分类。此外，消费者获得的知识中也包含产品的选择方法、购买方法等手续性知识。关于这些内容，我们将在第Ⅵ章中有所涉及。

⑤　**态度**

消费者通过经验和学习对品牌、店铺等选择对象形成了类似"喜欢、讨厌""好、坏"的整体评价（基于情感的"心理准备"），这个整体评价又叫"态度"。态度是针对该对象的特定行为（如"买、不买"）的准备状态，它甚至会形成先入为主的倾向，它与消费者自身目的息息相关并规定着消费者的行为，因此我们将态度作为说明、预测消费者行为的重要心理因素。此外，物与事（事项）均能形成态度，将物、事进行抽象化的结果便是价值观念。关于态度的形成过程我们将在第Ⅲ章和第Ⅴ

章中联系多属性态度模型进行说明，在第Ⅶ章中联系详尽可能性模型进行说明。

（3）产生多样性的外部因素群

外部因素是指处在消费者外部、对消费者行为产生影响的因素群。其中有像文化和亚文化一样长期大范围产生影响的因素，也包含如状况因素一般局部性、短期性地发挥影响力的因素，甚至包括类似市场营销环境这样营销人员能够对部分环境进行直接操作的因素。

① 文化

某个社会的构成成员"共有价值观"（shared value）称为"文化"（culture）。文化作为规矩或行为上的判断基准，对我们所有的行为产生广泛影响。文化在消费者行为的背景中起到的作用之一是为消费者提供了一条界限，即：我们可能接受何种产品或服务、购买方式或使用方式？例如我们不可能吃掉所有食材，那么我们吃什么？什么好吃？品尝方法及"饮食文化"都会对此发挥巨大的影响力。同样，文化框定了每个人的价值观，影响着我们的衣食住行等方方面面。

② 亚文化

"亚文化"（sub-culture）是指构成社会亚集团的人们所共有的价值观。例如"青年文化"（youth culture）等是典型的亚文化，其他还有女性文化、婴儿潮出生人群——"团块世代"文化、御宅文化、关西（人）文化等，我们可以把每一个亚集团的文化都看成是亚文化。青年文化是年轻人这个亚集团中共有的价值观，它规定了只有这个集团中的成员才具有的行动样式、消费样式等，从结果上看，它可以用作说明青年消费者特征的切入口。

③ 社会阶层

"社会阶层"（social stratification）是指以职业、收入、教育水平等为背景的社会序列。迄今为止，战后日本出现了"一亿总中流社会""无阶层社会"等说法，但近年贫富差距正在拉大，社会阶层问题也逐渐引起了人们的关注。例如不同的社会阶层可利用的经济资源也不同，不同的阶层归属意识（认为自己属于哪个阶层）也会大大影响消费者的生活、消费方式。

④ 家庭

家庭是社会中的最基本单位，它在许多场合也是维持家庭生计的单位。家庭、家庭生计是消费承担者，关于它们的作用，笔者将在第Ⅳ章中进行论述。家庭的形态或家庭生命周期的所处阶段也会极大地影响生活、消费的内容。此外，儿童在家庭中受到父母、兄弟姐妹的影响，同时掌握消费者所必需的知识和技巧［这就是消费者的"社会化"（socialization）］。子女继承了父母对产品或服务的偏好，有时子女也会对父母产生逆向影响（最近这样的情况被称为"母女消费""父子消费"等）。

⑤ 参照群体和朋友

个人进行判断、展开行动的基础群体（个人）叫作"参照群体"（reference group）。参照群体不仅是个人所属的所属群体，有时也是非所属群体（虽然不属于这个群体，但个人憧憬、热切期望参加、隶属的群体等）。例如学生组织、运动员选手、当红明星等都是参照群体的例子。此外，朋友、从小一起长大的朋友等的"同年龄群体"（peer group）有时也会行使参照群体的功能。在消费者行为的大背景下，参照群体在消费者接受产品或服务、选择特定品牌等情况中均发挥着强大的影响力。

⑥ **外部条件与状况因素**

外部条件与状况因素产生于经济景气与不景气、通货膨胀与通货紧缩、汇率与利率水平等经济环境，而消费者所处的特定环境、状况、大背景则直接发挥影响力。"状况因素"（situational factor）的类型有：① 物理环境（气候、温度、音声、店铺布置、店内陈设等）；② 社会坏境（他人的存在、他人的作用及相互作用）；③ 时间状况（季节、时间带、购买间隔、时间限制等）；④ 课题定义（购物目的、购买者的作用等）；⑤ 优先条件（所携金额、身体状况、氛围等）。

⑦ **市场营销环境**

营销人员每天都在努力影响消费者的购买决策。市场营销环境具体而言就是构成市场营销组合的4P方针政策群，也包括其他竞争公司的市场营销努力。此外，对于消费者来说，零售业商在店门口进行的营销活动也属于外部因素群。

［Ⅲ］

消费者行为研究的派系

1—研究的源流与三大派系

　　我们在第Ⅰ章中，从 20 世纪 50 年代以后按年代顺序简单地回顾了消费者行为研究的历史，在第Ⅱ章中针对每个消费者行为的分析层面介绍了其分析视角和分析框架。如今，消费者行为研究的对象不仅五花八门，研究成果的积累也异常庞大，因此我们很难把握它的全貌。本章我们在分析购买行为时要重点关注三个研究课题：①购买动机的探索、②行为的测定与预测、③内在过程的阐释，然后整理各课题的研究流派。首先，我们追溯消费者行为研究的源流，明确这三大派系所处的位置。

（1）消费者行为的科学性研究

　　消费者行为的学术研究历史悠久，即使排除传统的微观经济学领域的消费者行为（家庭生计行为）理论，如果要探寻其源流也应追溯至 20 世纪初斯科特（W.D.Scott）开展的广告心理研究或商品分类领域知名的科普兰（M.T.Copeland）进行的购买动机研究。然而我们在第Ⅰ章也提出，消费者行为研究在其发源地——美国也经历了 20 世纪 50 年代的萌芽期，直至进入 60 年代后"消费者行为"作为一项独立的研究领域，其重要性为世人所承认，大量学者才开始关注这个领域并有组织地展开研究。

例如，恩格尔（J.F.Engel）等人在俄亥俄州立大学研究生院开设消费者行为论课程是在 1965 年，他那一版教材的再版现在已经是第 10 版的教科书，最初是在 1968 年出版，此外研究消费者行为的学会 ACR（Association for Consumer Research）于1969 年设立，而消费者行为研究专业的学术杂志《消费者研究杂志》（JCR）则创刊于 1974 年。

谢思（J.N.Sheth）等人曾将市场营销理论的发展史分学派、领域进行了梳理，根据他们的研究，买方行为学派的研究特征正如其名，它关注市场的顾客（买方、消费者），强调"为什么顾客在市场中会做出那种行为"的"为什么"部分。此外，此时期（20 世纪 60 年代以后）买方行为学派取得飞速发展的理由在于：①以顾客为本的经营理念——市场营销概念登场，世人认识到了理解顾客的必要性；②行为科学相关的知识正逐步实现体系化，其中的观点和方法论可以为买方行为学派所用（文献 48）。

可以说，为了推动以顾客为本的市场营销的发展，我们必须理解消费者行为，同时也有必要积极援引心理学、社会学、社会心理学、文化人类学等相关领域的理论和方法论。如今，理解人类行为的相关学科的观点和方法论正系统地形成了"行为科学"，而"行为科学"的进步也给了消费者行为学研究极大的支持。

（2）从分析课题看三大派系

20 世纪 50 年代是消费者行为研究的萌芽期，进入 60 年代后该研究正式起步，70 年代以后获得了飞跃性的发展，每年都产出大量、广泛的研究成果，所以我们很难把握消费者行为学研究的全貌。本章将探索以下三个视角的主要研究派系，以帮助大家理解接下来几章将要讨论的理论和模型。

① **购买动机的探索**

第一个流派着眼于阐明消费者需求、把握产品或服务的购买动机，以 20 世纪 50 年代登场的动机研究等为代表。换句话说，购买动机研究源于"消费者为何购物"这样朴素的疑问，研究者们为了分析情绪化的、看似不合理的购买动机而采用精神分析学的手法尝试接近消费者的潜在意识及深层心理。

因为方法论的问题，动机研究自身不久从消费者行为研究的前台消失，而使用较多的定性调查方法依然沿用至今。

笔者在第 2 节首先会解说动机形成机制，在此基础上追溯购买动机研究的发展史。

② **行为的测定与预测**

我们要探讨的第二个研究流派着眼于可供观察的消费者表象行为，如将消费者的品牌选择行为模型化并进行预测。具体来说，初期使用购物日记式的面板调查数据的品牌忠诚研究，以及使用概率过程模型的市场份额预测研究就属于此类。

进入 20 世纪 60 年代后，这种研究与刺激—反应（S—R）研究法等一系列研究重合。70 年代至 80 年代之间，因为新的统计手法的登场、计算机能力有了飞跃性的提升，甚至 POS 数据可以被利用，研究中发展出多种计量模型。

我们会在第 3 节概观初期的忠诚研究或概率过程模型经过定式化的品牌选择模型逐渐演变为各种计量模型的流派发展。

③ 内在过程的阐释

第三个研究派系侧重于阐释品牌选择等表象行为的前提——"态度"等参数，或与购买决策相伴产生的信息处理等的内在过程。该流派始于初期的态度理论应用及多属性态度模型研究，20 世纪 70 年代消费者信息处理理论登场后，它成为了消费者行为研究的主流并一直持续至今。

笔者将在第 4 节介绍"态度"概念及多属性态度模型，梳理消费者信息处理方法的特征及基本框架，并回顾迄今为止的研究发展。

本章将讨论的三个研究视角及其研究流派也是分别聚焦消费者行为的 Why（消费者为何购物）、What（消费者购买了什么）、How（消费者如何购买）的研究史，这三个流派相互影响最终形成了今日的消费者行为研究的框架。

2—购买动机的探索

明确消费者需求、把握消费者产品或服务的购买动机，这是企业开展市场营销活动的大前提，也可谓是消费者行为分析的最基本课题。

曾经在商品分类领域赫赫有名的科普兰（M.T.Copeland）在其著作（1924 年出版）中将消费者购买动机分为合理性动机和情绪性动机，动机研究曾在 20 世纪 50 年代风靡一时。近年，脑科学不断发展，人们越发注重在潜在意识或深层心理层面上把握消费者的购买动机。

接下来，我们先对动机形成机制的相关用语、概念进行整理，然后探索购买动机研究的派系。

（1）购买动机的形成机制

一般而言，"动机形成"（motivation）是指驱使人采取行动、给行动指明方向、维持行动的心理机制，"动机"（motive）是指在这种机制中促发、维持特定行动的内在因素或状态。

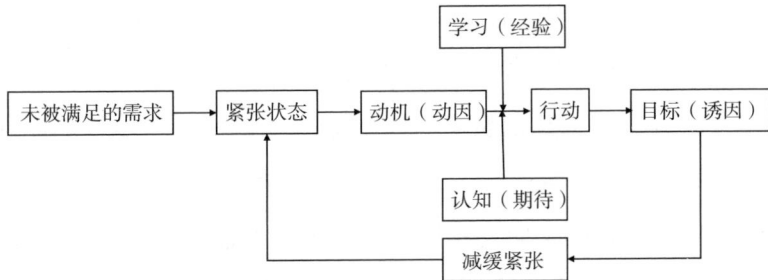

资料来源：Schiffman et al.（2008），修正了第37页的一部分。

图 3-1   动机形成过程的概念模型

图 3-1 是动机形成过程的图示，图中左侧是因未被满足的需求而导致的紧张状态，由此产生了满足需求、缓解紧张状态的行动。此时，成为消费者行为驱动力的内部状态被称为"动因"（drive）。另一方面促使行动发生的外部因素被称为"目标"（goal）或"诱因"（incentive），前者是指期望的理想状态，后者是指拥有满足需求的能力的对象（购买行为中产品或服务充当诱因）。通过动机或动因，达成目标或获得诱因的相关行动被驱动，最终带来满足需求或缓解（消除）紧张状态的结果。

此处的"需求"（need）是指一种生理上乃至心理上的不满足状态（或不均衡状态）。需求分一次性（生理的）和二次性（心理的、社会的），一次性需求指为维持生命的、生理上的、不可或缺的、与生俱来的需求（渴、饥、性、睡眠、回避痛苦等），二次性需求指通过后天性学习获得的心理需求及社会性需求（实现、亲和、依存、攻击等）。

关于后者的社会性需求，默里（H.A.Murray）做过详细分类，其中获得（所有某物）、游玩（放松）、自我显示（吸引他人的注意力）等需求在消费者行为的研究中也具有启示性。此外，众所周知马斯洛需求层次理论（Maslow's Hierarchy of Needs）将需求按顺序排列了阶层结构：①生理上的需求、②安全上的需求、③所属及感情的需求、④自尊的需求、⑤自我实现的需求，并认为低层次需求被满足后人们将转到高层次需求并为之努力（之后还追加上对知识和美的需求）。

以上，我们对动机形成的心理机制进行了简单的说明。我们需要注意，动机形成的心理结构中如果仅存在未被满足的需求，那么行为将不会被促使产生。为了使得行为得以发生，必须要有连接作为行为对象的外部因素——目标（诱因）、作为内部因素——需求的动机。这种动机通过过去的学习和认知过程得以形成（请再次参照图3-1），即某个目标（诱因）能有效满足需求的经验或希望某个目标（诱因）能有效满足需求的期待，这两者促成了动机。

我们可以假设购买行为的场景。消费者根据经验判断该产品能有效满足需求或期待该产品能有效满足需求，这便是消费者行为的诱因。通过这个诱因形成了对产品的购买动机。因此，即使消费者的需求本身不受营销人员的直接影响，但通过认知过程推动内心的期待，最终也可能影响购买动机和购买行为。此外，我们通过把握处于购买动机这一行为的核心部分可以更加深入地理解消费者，也能导出一系列假说。这就好比在犯罪搜查中刑警从犯罪动机中侧写出罪犯的形象，一边重构犯罪内容一边推导出事件真相一样。探索购买动机是明确消费者形象、理解产品意义的关键。

把握购买动机是为了深入理解消费者，但因为我们很难进行直接观察或测定，所以需要想各种办法。20 世纪 50 年代登场的动机研究便是通过使用精神分析学的思维方式或定性调查法对购买动机进行正面探索的研究。

（2）动机研究的登场

①　关注隐藏的购买动机

第Ⅰ章中我们也曾说到，在大众消费社会逐渐形成的 20 世纪 50 年代的美国，"动机研究"（购买动机调查）曾试图直接探索消费者的购买动机。

这种调查研究尝试从正面回答"人为何买东西""如何才能刺激消费者的购买欲望"等朴素的疑问，即该调查研究在消费者购买行动的相关心理因素中尤其重视潜在欲望（非表象，而是消费者的本意）、聚焦于"为什么"的部分，因此它又被称作"Why research"。此外，以弗洛伊德流派的精神分析学为基础积极探索隐藏在潜意识或无意识的世界中，看似非合理的或情绪化的动机，这也是该研究的特征。

我们以动机研究为例。该研究将"意识"分为意识、前意识或潜在意识、无意识三类，并以潜在意识和无意识为基础，利用定性研究法来探索消费者的购买动机。此外，从前的定量研究法无法阐释出意识领域中的合理动机，只能论述非合理性动机或情绪化动机。

② 消费——一种象征

将消费作为一种象征（将产品或品牌用于自我表现的消费）是动机研究中探索非合理或情绪化消费的典型例子。

一般而言，产品或品牌的象征功能是指某事物能够指示自身以外的某种意义的功能。例如，国旗的含义远高于单纯的染色布片，制服也不只是件衣服。同样的产品或品牌，除了有形成它的物理功能，它们也有发挥象征意义的部分。

迪希特（E.Dichter）认为，汽车不只是单纯的移动工具或搬运工具，也是一种社会地位或经济实力的象征，它是追女孩的工具，是旅行的工具，是家庭团圆或奢侈的象征（文献31）。此外，帕卡德（V.Packard）在其著作中认为汽车车种品牌是表现所有人本人或所有人心目中理想形象的最佳手段，并指出开雪佛兰的人"希望自己看上去善于社交、现代时髦"，开福特的人"希望举手投足引人注目，希望主张自我与时尚"，购买凯迪拉克的人多倾向于"表现高人一等的社会地位"（文献43）。

同样，我们身上穿的衣服也表现出深层含义（如靠衣物蔽体、变形或暴露）。此外，通过穿上有象征意义的衣服或装饰、特别是名牌，能够促进自我表现的欲望、获得官能喜悦。例如，有一位动机研究的实践者说："我身穿粉色衬衫，是想说明我自己（With a pink shirt I am trying to say about myself）。"可以说，他的话语道破了产品或品牌的象征意义，如实地反映出动机研究的姿态。

③ 定性调查法的使用

动机研究为了探索出消费者的潜在欲求或反映出产品、品牌的象征意义，多采用定性调查法。

此处，"定性调查法"是指为了引出消费者的深层想法、感情或对于各种刺激的反应而采用的劣构（ill-structured）调查法，具体而言包括以下手段：

（a）深度访谈法：为探索关于某项事件的深层心理而对被调查对象开展的个别会面法。

（b）联想法：给予被调查对象刺激后检测对方反应的方法。

（c）文章完成法：提示一段文字作为课题，让被调查对象填补不足的方法。

（d）绘画统觉测试（TAT：Thematic Apperception Test）：给被调查对象看描述某种状况的画，让对方讲故事的方法。

（e）略画法：让被调查对象看人物的会话场面等，让对方在对话框中填入话语的方法（TAT简略版）。

这些方法中，（c）~（e）被称为投影法（projective technique）。投影法是能让易受压抑的、难以直接回答的被调查对象把自身的观念或情感以间接形式或类比其他事物的形式投影（project）

到回答中的调查法。通过投影法能够引出消费者的"实话"而非"客套"。此外，通常这类方法由精神分析学或临床心理学专家对少数被调查对象花上足够的时间进行访谈，对事例进行详细记录和考察。这一点和以多数人为调查对象的定量调查有着巨大的差别。

（3）后续发展

动机研究在 20 世纪 50 年代风靡一时，之后该研究围绕方法论问题遭受到了诸多批判，具体表现在：①批判该研究中引用精神分析学方法并不妥当；②批判调查方法依赖于调查者的能力或直觉，调查方法很难进行标准化，调查结果欠妥；③批判该研究耗费过多的时间和费用，为保证代表性而进行的大量采样很难得以实施等。

基于以上理由，此后动机研究在学术性消费者行为研究的前台销声匿迹，然而定性调查法多被引入实际操作中，最近它被称为"消费者洞察（Consumer Inside）"而重新引起研究者们的关注。此外，近年学界对潜在意识或深层心理愈发关注，与脑科学研究等开展了交叉研究，如萨尔特曼（G.Zaltman）的ZMET（萨尔特曼隐喻诱引技术）中也继承了动机研究的思想和手法（文献 51）。

此外，动机形成机制本身在此后的消费者行为研究中也是重要的概念，学者们通过各种形式对其进行着研究，例如我们将在后面论述的消费者信息处理理论中的动机形成也是控制信息处理过程的重要因素，我们会联系目标层次或参与概念对其进行讨论。

3—行为的测定与预测

如果探索购买动机是询问购买行动的"为什么",那么我们接下来要论述的研究流派将围绕消费行为中购买的"什么"而展开,即它是记述购买了什么、预测将购买什么的一连串相关研究。具体而言,该研究从品牌忠诚研究入手,然后发展为各种类型的品牌选择模型,其中的一部分最终发展为现在的市场营销学系的研究。品牌忠诚研究以购物日记面板调查收入的购买记录数据为基础,接下来我们就以此为起点进行论述。

(1)购买记录的分析

20世纪50年代的美国对不可观察的购买动机愈发关注,同时也出现了基于实际数据的对可观察的(表象行动)的品牌选择进行分析的动向。这一切都得益于以下契机:由调查公司或报社设置的购物日记式消费者面板的调查手法,以及OR(运筹学)或经济管理学科等领域开发的概率模型思维。

面板调查以持续参加调查的消费者(家庭)为面板,委托他们写购物日记,目的在于系统性、持续性地收集购物数据(何时、何地、购买了什么)。研究人员按照产品类别将购物日记数据加工为购买记录数据,便能够对品牌选择进行多样性分析(当然，通过加工也可以分析消费者的店铺选择问题）。

例如，布朗（Brown）分析了《芝加哥讲坛报》的100个家庭的消费者购买记录数据，并根据品牌选择方式将调查对象分成四个类型：呈AAAAAA结构的"完全忠诚"（非分割）型，该类型的消费者只购买相同品牌；与之相对的是ABCDEF结构的"无忠诚"型；这两种类型中间还有ABABAB结构的"分割忠诚"型，或AAABBB的"不稳定忠诚"型。坎宁安（Cunningham）也同样采取了购买记录数据分析法，提出了购买集中度（购买最多的品牌所占的总购物比例）作为品牌忠诚的测量标准。此外这个时期还产生了大量沿用至今的品牌忠诚测量标准，如继续购买同一品牌的间隔等。

上述品牌忠诚是研究消费者对某特定品牌进行集中性、持续性购买的倾向，主要从行动层面进行把握和测定，这一系列的研究以20世纪50年代的购买记录数据分析为起点（认知性忠诚或承诺等概念将会陆续登场，我们将在第Ⅶ章进行详细解说）。

此后到了60年代，品牌选择行为通过概率模型实现了定式化，有些研究旨在帮助企业预测市场占有率。例如初期的研究将马尔科夫型随机过程模型（Markov Model）运用于购买记录数据中，尝试记述并预测消费者（家庭）的品牌选择行为。此外，品牌选择研究还利用了伯努力分布模型（the Bernoulli Distribution）或线性学习模型（Linear Learning Model）等OR、管理学科的理论或模型，催生出许多概率型品牌选择模型。到了 1970 年，马西（William F. Massy）、蒙哥马利（David B. Montgomery）、莫里森（Donald G. Morrison）三名研究者将这些概率模型进行了体系化的整理（文献 42）。

（2）品牌选择模式的流派

上述基于购买记录数据的一系列研究的特征是，将分析对象限定为可观察的外显行为（overt behavior），通过客观、科学的方法展开研究，这种倾向在某种意义上是动机研究的反命题，因为后者主要讨论消费者的潜在意识。同时，20 世纪 60 年代以后受到心理学领域的行为主义的强烈影响，购买记录数据分析研究与刺激—反应（S－R）研究法的研究流派相重合。

S－R 研究法是通过刺激（stimulus）及反应（response）这两个可观察的方面来捕捉、分析人类（即消费者）行为的研究方法的总称。通过 S－R 研究法进行消费者行为研究是基于"在何种条件下，给予何种刺激（价格、广告等），作为刺激接受方的消费者会对作为刺激施加方的企业（产品或品牌）产生最有效果的反应（选择、购买）"的问题意识，以"说明、预测承受的刺激与消费者的反应之间的对应关系"为基本课题。

S－R 研究法将分析对象仅限定为可观察的外显行为、并不讨论内在过程，因此它以黑箱模型（Black Box Model）为前提。然而此后 S－R 研究法受到心理学领域不断崛起的新行为主义的影响，引入各种参数后形成了阐释结构型模型，即从单纯的黑箱型 S — R 研究法扩大、发展为关注以刺激与反应为媒介的内在过程的 S — O — R 研究法［此处的 O（organism）代表生物或有机体，指接受刺激并做出反应的消费者自身的内在结构］。

图 3-2 是将品牌选择模型区分为重视反应型模式和阐释结构型模式并进行比较，前者对应 S — R 研究法，后者对应 S — O — R 研究法。这两种类型的模式各自拥有如下特征（文献 4）。

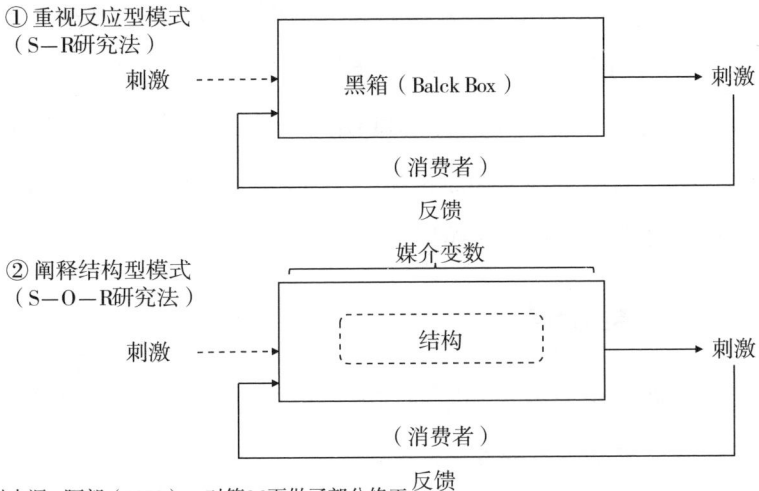

资料来源：阿部（1978），对第26页做了部分修正。

图 3-2　品牌选择模型的结构对比

① 重视反应型模式

这种模式将消费者的内在心理过程视为黑箱，重视最终结果——选择行为本身。例如，概率模型并不是内在过程的说明，它旨在高度精确地预测品牌选择概率。20 世纪 50 年代至 60 年代的伯努力分布模型、马尔可夫随机过程模型、线性学习模型、此后的 MNL 模型均属于此类。此外，图中始于刺激的箭头呈虚线，是因为这些模式中的一部分并不明确地显示出刺激产生的影响（如伯努力分布模型和马尔可夫随机过程模型等）。

　　② **阐释结构型模式**

　　这种模式重在阐释消费者做出某一特定选择的内在心理过程，旨在通过导入连接刺激与反应的参数来阐释消费者进行品牌选择的内部结构。这种模式又分为阐释部分结构型模式和阐释全部结构型模式。前者将对象限定在部分内部结构，如下一节我们将要解说的多属性态度模型；后者的对象是整体结构，包括早年的霍华德—谢思模型、第 Ⅱ 章论述过的 BME 模型等一些列综合性消费者行为模型。

（3）后续发展

　　重视反应型模式和阐释结构型模式这两种类型的品牌选择模式此后有了各自的发展。

　　首先，重视反应型模式将重心放在品牌选择的预测上，逐步朝着以计量模型为中心的市场营销学派发展。尤其是 20 世纪80 年代 POS 机制与面板调查方式结合而成的"扫描仪面板"调查方式登场，同时又得益于统计解析法或计算机能力的飞跃性提升，MNL 模型等各式计量模型得以提出。在这个发展过程中，重视反应型的研究模式不仅对选中的品牌进行了预测，它还发展为一系列可用于市场营销变数的效果分析、购买间隔或购买量分析等的模型（关于市场营销学派的消费者行为研究，请参照文献 11 ）。

此外，作为说明、预测选择行为的预备阶段，可用于分析消费者认知空间或偏好空间的模型也备受关注，这些模型引用计量心理学的成果，最终与利用多维标度法（MDS）等的制图法研究相关联。

另一方面，阐释结构型模式中以霍华德—谢思模型为代表的 S — O — R 型综合概念模型得以提出，学者们开始认识到态度等参数的重要性。此外，阐释部分结构型模式中多属性态度模型等也愈发受人关注，20 世纪 70 年代之后学者们开始将重心转移至研究基于消费者信息处理理论的内在过程。

4—内在过程的阐释

继探索驱动消费者行为的购买动机、测定和预测品牌选择的外显行为后，消费者行为研究的第三大流派则着重讨论将两者相结合的内在过程。如前所述，在 S — O — R 研究法取代单纯的 S — R 研究法的过程中，"态度"作为刺激与反应的连接参数的开始受到关注。

此处的"态度"是指个人面对某一对象的心理活动。一直以来"态度"被理解为"好感、非好感"，而系统地说明消费者面对产品或品牌时的态度的"多属性态度模型"自登场后便备受瞩目。

本节首先介绍态度概念和多属性态度模型，然后再概观经历消费者信息处理理论的产生而发展至今、聚焦内在过程的研究流派。

（1）"态度"——一个参数

社会心理学家奥尔波特（G. W. Allport）认为，"态度"（attitude）并非人开展的行动本身，而是人类对于某一对象（物、人、场所、思维想法等）通过特定的方法做出反应的倾向性，甚至是行为的准备状态。此外，提出多属性态度模型的菲什宾（M. Fishbien）对"态度"进行了定义："人类后天习得的用'好感'或'非好感'来评价某一对象的先入为主的倾向（predisposition）。"

上述态度概念在消费者行为论中备受瞩目的最大理由在于，学者们认为可以通过消费者的态度来说明、预测消费者的行为（购买行为）。此外，态度并非一成不变，它在某段时间内不断持续的同时也会发生巨大变化，而使得态度发生变化的一个重要因素便是广告等说服性沟通的结果。

消费者对某品牌有好感，那么购买此品牌的可能性也很高。广告可以促使消费者产生对某品牌的好感，也可以改变他们的好感。例如绿茶饮料品牌，有的消费者喜欢三得利的"伊右卫门"，那么其在购买茶饮时多半会选择伊右卫门。消费者之所以形成这种好感是因为受到了过去的饮用经验或广告的影响，因此态度开始成为连接刺激（广告等）与反应（选择、购买）的重要参数。

产品或服务通常对应并满足消费者的多种需求，在这个意义层面上，产品或服务拥有多重属性（多属性）。例如，塑料瓶装的绿茶饮料的味道、香气、成分、外观设计、价格等都是其属性，而为了研究消费者对多属性（multi-attribute）对象的态度，菲什宾和艾奇森（I. Ajzen）提出了可以多元性说明消费者整体态度的模型——多属性态度模型。

这个模型以说明动机产生机制的理论——"期待－价值"

模型（对行为带来的结果的期待程度和结果的价值决定个人行为的倾向性）为基础，并将其套用至消费者面对多属性对象的态度结构中，即我们可以将多属性态度模型中个人对某一对象的态度进行数值化：个人相信该对象具有某种属性的确信程度（期待）与该属性的重要程度（价值）相乘的积作为一个属性单位，该对象中包含的所有属性单位相加得到的总和即为个人对某一对象的态度。公式表示如下：

$$A_0 = \sum_{i=1}^{n} b_i a_i$$

A_0：消费者对于某一对象 O（产品或品牌）的态度（整体评价）

b_i：消费者对对象 O 具备属性 i 的确信程度（信念的强烈程度）

a_i：属性 i 的评价（重要程度）

n：属性的总数

因此，从这个公式中我们可以明白，如果想改变消费者对某一品牌的态度可以采取以下策略：①改善消费者关于某属性的信念；②改变某属性的重要程度；③附加全新属性。

"态度"作为说明消费者行为的重要参数备受关注，然而这一概念在研究成果不断积累的过程中产生了新的问题。例如有的学者指出，消费者在选择时通常并不以态度为前提，消费者信息处理能力的局限及不以态度为前提的选择原则不仅具有较大影响力，在研究上也很重要。此外广告效果的研究成果也表明，目前尚看不出消费者在广告前的曝光次数与其态度变化之间的直接关系，我们必须阐明消费者将广告作为一种信息来解释、处理的过程。

简而言之，上一自然段中的批判指出了单独分析参数的研究方法的局限性，并提出综合分析内在过程的视角与结构的重要性。

（2）信息处理方法的登场

重视阐释内在过程的消费者行为研究在 20 世纪 60 年代以态度等参数为中心，而进入 70 年代后，聚焦消费者信息处理过程的研究登上了历史舞台，研究方向也随之发生巨大变化，即从 S － O － R 研究法转变为消费者信息处理研究法。

70 年代初期纽厄尔（A. Newell）与西蒙（H. A. Simon）提倡的"人类解决问题的行为"模式是消费者信息处理研究法诞生的一个契机，此外消费者信息处理研究法依托于认知心理学的"信息处理模型"成为新登场的分析视角和分析框架的总称。消费者信息处理研究法将人类（消费者）看作一个信息处理系统，并着重分析消费者搜索、获得、解释、整合信息的内在过程。具体而言，它基于初期的信息搜索行为研究和决策网分析的成果，融合了前述多属性态度模型的研究和行为决策论（特别是启发式研究），最终发展为独立的研究派系。贝特曼（J. R. Bettman）将这一系列的研究进行了系统化，建立了"消费者选择的信息处理理论"（1979 年），这一派的研究直到今天都是消费者行为研究的一个主流（文献 26）。

本书自第 V 章开始的内容均以消费者信息处理理论为依据，因此关于该理论的详细内容和具体派系我们将在后续几章进行介绍，现在我们仅概观该研究法的特征和基本框架。

消费者信息处理研究法将消费者行为视为消费者发挥主观能动性去解决问题的行为，为了选择、购买产品或服务，作为解决问题的手段，消费者会自发搜索、获得、解释、整合信息，而重点关注这个过程则是该研究法的基本特征。然而，因为消费者处理信息的能力有限，所以研究者们认为消费者内心的满足感而非遵循最优化原理（即研究者们认为消费者做选择时并不是挑选最优品牌，而是偏好能让自己满意的品牌）决定了他们最终选择的信息处理过程和决策过程。此外，该研究在一系列的信息处理中特别重视记忆（内部信息）的作用，强调记忆状况导致个人差别也是该研究法的一大特征。

图 3-3 是消费者信息处理过程的简化图。如图所示，输入的外部信息（产品信息、价格信息、广告信息等）经过对应五感的"感觉寄存器"首先被"短期记忆"所吸收。短期记忆又叫操作记忆，它分为搜索、获得追加信息的"信息获得过程"和整合个别信息后进行决策的"信息整合过程"两个环节进行信息处理，最终的结果便形成作为输出的行为（选择、购买）。

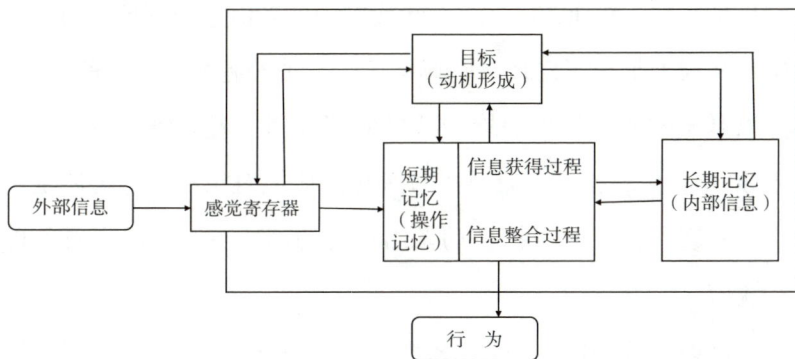

资料来源: 阿部（1984），对第122页进行了部分修正。

图 3-3　消费者信息处理的基本结构图

消费者信息处理过程与 Ｓ－Ｏ－Ｒ 研究法的最大不同在于，研究者们注意到消费者并不是仅对刺激做出的反应而被动存在，他们是为了实现目标而积极搜索、获得信息而主动存在。这个基本图示中，我们将在第Ⅴ章讨论的购买决策过程对控制信息处理过程的"动机形成"也有重要影响，而购买决策过程始于消费者对问题的认识。此外，短期记忆容量有限，它限制了消费者处理信息的能力，而内部信息的储藏库——"长期记忆"的容量无限，储存于此的内部信息（知识）决定了信息处理及消费者行为的个人差别。笔者在之后的第Ⅵ章将以消费者的品牌知识为中心对这个问题进行解说。

（3）后续发展

消费者信息处理法登场后，重视阐明内在过程的研究而有了长足发展。然而 20 世纪 70 年代的消费者信息处理理论与 S —
O — R 模型形成了对比，它倾向于强调消费者解决问题的方面，
并以基于收入信息做出恰当选择的理性消费者为研究前提。进
入 80 年代后，消费者信息处理理论的研究对象虽然主要还是理
性消费者，但有时也把被动做出行为的消费者纳入研究对象进
行建模。

例如派蒂（R. E. Petty）和卡乔鲍（J. T. Cacioppo）提出的"详
尽可能性模型"便将消费者处理信息的多样性当作系统性的说
明框架加以利用（请参照第Ⅶ章），即这个说明框架通过"动机
形成"（motivation）的强弱和实现信息处理的能力（ability）的
程度来阐述消费者处理信息的水准与样式。近年来，有的学者
在这两个因素中增加了信息处理的"机会"（opportunity）而形
成了"MAO"结构（请参照第Ⅴ章）。此外，许多场合还使用了
动机形成的代理变量"参与"及能力的代理变量"知识"，关于
两项的内容我们将在第Ⅵ章和第Ⅶ章进行解说。

如果依照亚里士多德之后的对心的三分类"知、情、意"，
那么深受认知心理学影响的消费者信息处理法则主要关注"知"
的部分。然而，近年来学界提升了对消费者行为中的"感情"
（affect）或"情绪"（emotion）的关注，关于这个问题本书只做
略微提及，在第Ⅶ章将联系消费者参与及承诺进行说明。

［IV］

消费样式的选择机制

1—分析单位——家庭与家计

我们在第 II 章中站在选择的阶层性这一角度对消费者行为进行了划分整理，本章我们将要探讨消费样式的选择及支出分配的相关行为。本章在探讨消费行为中的消费样式选择机制时，不仅会与收入相关联，还将联系包含时间在内的其他生活资源的分配。此外，在分析消费行为时为了联系生活结构和生活观念，笔者还将介绍生命周期、生活方式、生命历程这三种方法。首先，我们一起来思考如何看待分析单位——家庭与家计。

（1）家庭、家计、一家人

我们在分析消费行为的多数场合会将家庭这一社会单位或家计这一经济单位作为基本分析单位，而非消费者个人，这是因为消费样式的选择或支出分配中家族人数这一规模性因素发挥了很大作用，基于家计（家庭）的分析比基于个人的分析更适合分析消费行为，这点我们在后面也会细说。此外，近年来家庭的存在形式发生了巨变，这些巨变影响着消费结构的变化，尤其影响了消费的多样性。下面，我们首先对基本分析单位——"家庭"和"家计"这两个概念辨明其异同。

一般来说，"因血缘或姻缘结成的人类集合体"叫作"亲属"，亲属中同吃同住（住在一起、吃在一起）、共同生活（共有财产过日子）的人们叫作"家庭"（family）。

社会学者穆道克（G. P. Murdock）提出了"核家族"的概念，认为一对夫妇和他们的孩子组成的核家族是人类社会中的最小亲属单位。他对"核家族"进行了定义：①共同居住在一起、②包含满足家庭成员基本欲求的最小限度的关系（夫妇、亲子、兄弟姐妹）、③完成社会存续必不可少的四大机能——性、经济、生殖、教育的最小社会集团。

"家计"（household）是与企业和社会共同构成经济体系的一个经济主体，是共同生计、进行经济行动的最小单位。即家计是提供劳动力获得薪酬，或拥有金融资产、不动产获得利息、分红收入、房租、地租并以此作为本金进行消费和储蓄的经济主体（同时，家计要对公共部门缴纳税金，筹措社会保险费用并接受补贴）。

通常，这两个概念的大范围重合，作为社会集团的家庭是作为经济主体的家计的基础，但严格来说两者是不同的概念。此外，国情调查等统计概念中有"一家人"的说法，它包含不论是否有血缘关系都共同居住、共同维持生计的人。因此，家庭、家计、一家人这三个概念无法严密地 100% 对应，但本章大体认为三者同义，以下就根据上下文区别使用。

（2）个人化的家庭，多样化的一家人

迄今为止，大多数个人终其一生都经历过两种家庭形式：从"被父母带到世上养育自己的家庭"（原生家庭）独立，然后拥有"自己生养子女的家庭"（生殖家庭）。然而，近年来一个人也可能经历两种以上的家庭形式，接下来我们要论述的家庭生命周期也出现了复线化。最终，家庭的存在形式发生了巨变，"小家庭"逐渐丧失了典型家庭形式的地位。

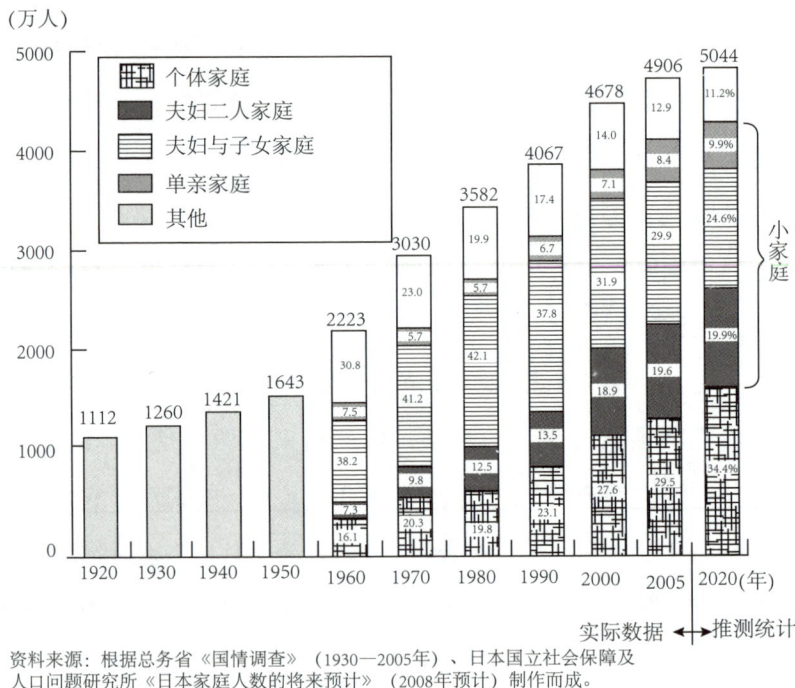

资料来源：根据总务省《国情调查》（1930—2005年）、日本国立社会保障及人口问题研究所《日本家庭人数的将来预计》（2008年预计）制作而成。

图4-1　家庭类别人数构成比例的推移

　　例如图 4–1 显示了家庭类别人数构成比例的推移。"夫妻与子女家庭"（即作为核家庭的"标准家庭"）占所有家庭形式的构成比例由 1980 年的 42.1%，降至 2005 年的 29.9%，预测在 2020 年将进一步降至 24.6%。另一方面，"单身家庭"的构成比例由 1980 年的 19.8% 升至 2005 年的 29.5%，预测在 2020 年将达到 34.4%。此外，"夫妇二人家庭"的构成比例也从 1980 年的 12.5% 升至 2005 年的 19.6%，预测 2020 年将升至 19.9%，可见家庭形态正在飞速地实现多样化（同时，长寿化的结果使得"单身家庭"将不再是年轻人的专属，有预测显示，老年人的单身家庭，尤其是女性高龄者的单身家庭将急速增加）。

　　家庭形态日趋多样化，这无疑与结婚行为的变化息息相关，如晚婚、不婚化的发展，离婚、再婚的增加，或者也与出生行为的变化有着千丝万缕的联系，如已婚夫妇晚育少生、丁克夫妇增加等。这些现象以"家庭的个人化"形式缩小了家庭或家计的规模。此外，因晚婚导致结婚时期的推迟或因晚育导致的生产时期的推迟，使得"夫妇二人家庭"和"夫妇与子女家庭"的户主年龄出现了大的分化，此举又可能产生更加多样的家庭形态，甚至离婚和再婚的增加将导致"单亲家庭"的增加，或催生出"step family"（夫妇一方或双方带着孩子再婚组成的家庭）的家庭形式。可以想象得到，家庭形式的多样化今后还将飞速发展。

（3）生活样式与消费样式的变化

原本"ham"是"home"（家庭）的古语，指两条河汇流成的三角洲上自然形成的垒，而在流动的河流与固定的垒这两个力量平衡的基础上建造的是"家"，维持"家"的则是"household"（家计），这便是"家计"的词源（文献12）。此外，以家庭为中心在各种社会关系中经营的"家庭生活"则包含以下意思：①生活主体的家庭、②在周围的环境和事项之下、③利用家庭生活资源、④满足家庭生活需求、⑤实现家庭生活价值的生活行为的连续过程（文献19）。

"家人"是生活主体，"家庭"是生活的场所，"家计"是生活的方式。我们牢记这三个词语的用法，然后重新分析消费在日常生活中的地位。

第Ⅱ章我们已经解说过，作为生活主体的家庭，利用所拥有的各种生活资源（时间、收入、空间等）每天解决各种生活中的问题，同时又对生活本身进行"再生产"。生活资源的分配行为称为"生活行为"，其中"收入分配"这一经济资源的分配（具体而言指家计支出分配）则是消费行为。此外，不同的生活主体所处的环境（生活环境）或生活主体的结构层面（生活结构）、生活主体的观念层面（生活观念）决定了不同的生活样式或消费样式，这些差异都反映在具体的支出分配中。

这里我们说的"生活样式"是指如何分配、利用时间、空间、收入等生活资源的最基本的生活行为样式，而"消费样式"则特指聚焦收入分配的财产、服务的选择行为样式，同样也是指其最基本的样式。此外，如图 4-2 所示，生活样式、消费样式的存在方式特别受到生活结构变化和生活观念变化的影响，最终结果是产生了消费的变化。

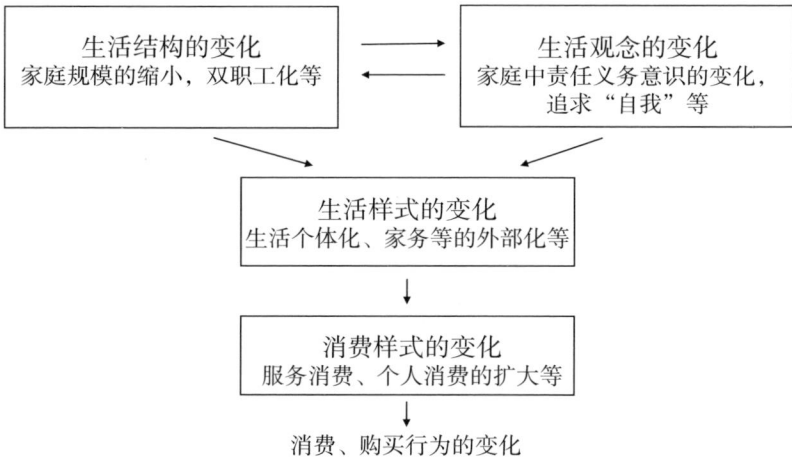

```
┌─────────────────────┐      ┌─────────────────────┐
│    生活结构的变化    │─────→│    生活观念的变化    │
│ 家庭规模的缩小，双职 │      │ 家庭中责任义务意识的 │
│ 工化等               │←─────│ 变化，追求"自我"等   │
└─────────────────────┘      └─────────────────────┘
              │                          │
              └──────────┐   ┌───────────┘
                         ↓   ↓
              ┌─────────────────────┐
              │    生活样式的变化    │
              │ 生活个体化、家务等的 │
              │ 外部化等             │
              └─────────────────────┘
                         │
                         ↓
              ┌─────────────────────┐
              │    消费样式的变化    │
              │ 服务消费、个人消费的 │
              │ 扩大等               │
              └─────────────────────┘
                         │
                         ↓
              消费、购买行为的变化
```

图 4-2　生活样式与消费样式的变化

例如，单身家庭的增加所代表的家庭规模的缩小，以及双职工的增加这一生活结构的变化首先增加了"时间成本"，产生了"家务的外部化"这一生活样式的变化，然后它又和具体的消费、购买行为相连，导致了服务消费的增加和对家务代行服务支出的增加。此外，家庭内部责任意识的变化或追求"自我"等生活意识的变化能够推进时间性或空间性的个人生活和个人家计，也使得消费支出中的个人使用的比例逐渐增大。

第 3 节我们将以时间成本为中心解说消费样式的选择机制。在此之前，我们首先要介绍看待生活结构和生活意识的三个概念——生命周期、生活方式、生命历程，并依据这三个概念来说明消费行为的分析方法。

2—消费行为分析的三大研究法

如前所述，作为支出分配的消费行为受到生活样式或消费样式的制约。我们选取三个视角来分析消费行为：①生命周期、②生活方式、③生命历程，分别简述其各自的特征。这三种研究方法都着眼于生活主体——家庭（有时是个人）的生活结构特征及生活观念特征，都是为了在分析时能够将归纳性指标和消费行为相结合。

（1）生命周期研究法

一般而言，"生命周期"（life cycle）是指生物一生中可见的、从个人的发生到消亡的循环。人类的生命周期也遵循出生—成长—成熟—衰老—死亡的规律性推移，将其借用到家庭的生活周期中则形成了"家庭生命周期"（family life cycle）的概念。

换句话说，家庭本身是一个有生命的集团，家庭由夫妇的结合而形成，家庭构成成员因孩子的诞生而增加，而当孩子长大成人独立后，夫妇中的一方相继去世，然后家庭这个集团便消亡了。生命周期研究法关注家庭的形成—发展—衰退—消亡的规律性周期，将各阶段的生活行为和消费行为当作分析对象。

表 4-1 显示出生命周期的典型性阶段设定（又称为生命阶

段"life stage")。生命周期基本上被设定成一条单线流程,从"单身阶段"发展为"新婚阶段",经历了"满巢阶段"(full nest)、"空巢阶段"(empty nest),最终抵达"高龄单身阶段"。此外,一个阶段与下一阶段相区分的事件又叫"生命事件"(life event)(如"新婚阶段"与"满巢阶段"的划分事件是第一个孩子的诞生),一个家庭经历许许多多的生命事件而依次迈入下一阶段。各个阶段中家庭构成和家计收入等生活结构千差万别,消费的特征也如表所示各有不同。

表 4-1　家庭生命周期中的各主要阶段

阶段	家庭构成	家计状况	消费的特征
单身阶段	结婚前的单身	收入低但无负债,也没有感到储蓄的必要性	支出用于汽车、时尚、休闲娱乐、外出用餐等
新婚阶段	没有孩子的新婚夫妇	如果是双职工,则可支配的收入也增加。比单身人士经济实力雄厚	支出用于汽车、时尚、休闲娱乐等,也会购入耐久性资材(家具或家电等)
满巢1	最小的孩子还没入学的夫妇	妻子因育儿而离职,全家可支配收入减少。追加了育儿支出	购入住房(连带购入家具家装),婴儿食物或玩具等
满巢2	最小的孩子已经达到学龄的夫妇	丈夫的收入增加,妻子因为复职等全家可支配收入增加,但孩子长大的消费额也在增加	伴随着孩子的成长,食品或服饰的支出也增大,支出用于自行车、课业费、体育用品等
满巢3	还在抚养孩子的中年夫妇	夫妇收入增加,孩子因打工等全家可支配收入增加。孩子上大学等教育经费也在增加	更换家具或家电,购入二手车,教育费增加
空巢1	孩子独立了的夫妇(在职)	因孩子的独立,产生了夫妇自由支配的收入,更多的储蓄成为可能	支出用于房屋修缮、旅行、外出用餐、SUV、二手房、孙辈等

阶段	家庭构成	家计状况	消费的特征
空巢2	孩子独立了的夫妇（退休）	因退休导致夫妇可支配收入减少，医疗费用等支出增加	购入医疗健康器具、医药品，时间用于旅行、锻炼、志愿者
高龄单身1	配偶去世的高龄单身（在职）	因还在职可能有一定的收入，如果有存款则可以利用	食品等的支出减少。用于健康管理、疾病看护、旅行、代行服务等的支出增加
高龄单身2	配偶去世的高龄单身（退休）	生活完全依靠储蓄，支出金额完全依赖于储蓄金额	因购买意愿的减少、医疗费用的增加导致消费支出急速减少

生命周期研究法有一个前提：每个人都以同样的方式经历生命周期中的各个阶段（生命阶段），并在每个阶段中都有同质性。当然，处在同一阶段的家庭也会有不同的价值观念，非婚、晚婚及未婚单亲的增加也会使得以"结婚"为起点的家庭生命周期的前提产生剧烈动摇。因此，重视消费者价值观念异同的生活方式研究法的重要性也在增加。此外，预想为单线型的生命周期研究法的妥当性和有效性也受到质疑，催生出接下来我们要论述的生命历程研究法。

（2）生活方式研究法

"生活方式"（life style）一词本身很早就用于市场营销及广告实务中，它已经变成了日常用语。

生活方式概念源自于社会学者韦伯（M. Weber），指在特定的社会阶层内部所共有的财产消费、价值观、生活态度相关的复合模式（用特定的生活样式表现出的财产消费原则）（文献 8）。此外，生活方式也被定义为"包含生活空间、生活时间、价值观念等一切个人生活样式、生活类型"，有时生活方式也会被认为是接近"生活样式"的概念（文献 3）。因此，生活方式这一概念可以反映人与人的生活方式、反映个人的价值观念，具体来说可被看成是人们使用金钱的方法、选择的钱财服务及行为的一种组合类型（模式）。

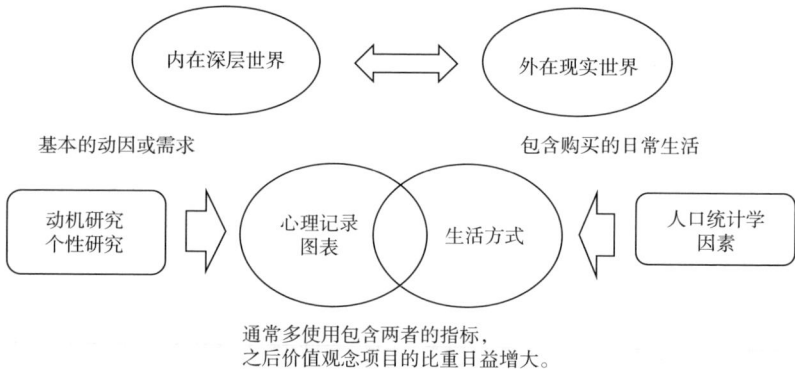

资料来源：Wilkie（1986），修正了第340页。

图4-3　生活方式研究法的源流

此外，威尔克（W. L. Wilkie）将生活方式的研究史整理成图 4-3，他认为其源流是从动机研究或个性研究发展而来的"心理记录图表"（psychographics）（文献 50）。此处的"心理记录图表"指的是"将消费者置于心理层面的定量调查研究方法"的总称，始于初期的 AIO 研究法，后发展为重视消费者价值观念、将生活方式进行类型化的尝试。以下便是分析生活方式的代表性手法。

① AIO 研究法

AIO 研究法是威尔士（W. D. Wells）等人提出的初期代表性分析手法，也可视为消费心态学的具体手段。

AIO 是 Activities、Interests、Opinions 的首字母，是针对以下三方面（＋人口统计学因素特征）提出问题："活动（A）：把时间花在什么事情上（工作、兴趣、娱乐等）"，"关注（I）：对什么事情（时尚、食物等）抱有关心和关注"，"意见（O）：对政治、社会问题等各种事项如何看待"，用于测定有关生活方式或有关特定生活领域或产品类别的生活方式。

例如普拉默（J. T. Plummer）使用了 300 项的 AIO 项目用来比较信用卡使用者和非信用卡使用者的生活方式，但这个分析方法在每一特定领域都会涉及数量庞大的提问项目，在实际操作中的效率非常低。进入 20 世纪 80 年代后学者们转而使用下述的综合性生活方式类型。

② VALS（Value and Lifestyle）

这是斯坦福大学的研究中心开发出的生活方式类型，理论基础是马斯洛的"需求层次理论"和里斯曼的"性格类型论"等，使用了有关消费行为的大约 800 个问题，抽出了九大价值类型。

具体如下所示：a. 生存者类型（认为活着就好的人）、b. 受难者类型（虽然身处社会底层，但立志奋发向上的人）、c. 归属者类型（重视传统、保守性强的人）、d. 竞争者类型（奋发向上但尚未成功的人）、e. 实现目标类型（已经构建了体制、站在体制顶端的人）、f. 我就是我类型（比起外部世界更重视自我的内心的人）、g. 尝试者类型（愿意尝试不同事物的人）、h. 社会意识类型（不仅关照自身，还积极参加社会事务的人）、i. 综合型（内外达到平衡统一的类型）。［这九种类型又可大致分为四类，a 与 b 是追求欲望群体，c ~ e 是重视外部群体，f ~ h 是重视内部群体，i 是综合群体。］

此后美国的学者开发出 VALS2，提出按照资源与动机重新划分出八大类型。此外，日本也开发出 Japan-VALS，根据罗杰斯（E. M. Rogers）的"创新扩散理论"和心理学的"相似性原理"将生活方式划分为十大类型。

③ LOV（List of Values）

为了对抗 VALS，密歇根大学调查研究中心开发了 LOV 划分法，与 AIO 划分法和 VALS 划分法相比，LOV 通过极其简单的调查就能够测定对象的价值观念，这是它的特点。

具体而言，该划分法向被调查对象提出九种价值观念项目"归属意识""人生的喜悦""与他人的和睦关系""满足感""被他人尊重""兴奋""成就感""安心感""自尊心"，让对方选择对自己最为重要的两项并对九个价值项目排序，通过个人不同的九段价值观念评价法来测定研究对象的价值观念。

（3）生命历程研究法

"生命历程"（life course）字面意为"人生的轨迹"，指的是

"个人在一生中走过的轨迹（人生路径）"。本来这一概念是在家庭社会学领域取代从前的"生命轨迹"概念，于20世纪70年代登场的分析方法，但近年生命历程研究法作为一个连接生活方式的选择与社会变化的分析视角，在许多方面备受瞩目。

人一生会经历上学、就业、结婚、生产等人生事件，伴随着每一个选择，人会获得各种各样的社会角色（如伴随着结婚，我们会扮演丈夫或妻子的角色；伴随着生育，我们会获得父亲或母亲的角色），而生命历程研究法的特征就在于它重视人生事件的承续和角色分配的时机与间隔。

我们回想一下刚才介绍的生命周期研究法中作为多数出现的典型生命历程，假设所有人都会陆续经历单身、新婚、生育（满巢）、从生育中解放（空巢）、高龄单身等阶段，所以我们很难将非典型家庭（例如无子女夫妇、离婚再婚的夫妇等）纳入分析模型中。此外，现实社会不仅出现了离婚再婚的增加，长寿化带来的"空巢"时期和"单身老人"时期的延长、晚婚晚育带来的结婚生育时间的推迟，以及终生未婚人士和丁克夫妇的增加，最终导致家庭的生命周期急速出现复线化和多样化，最终从前的生命周期研究法无法完全应对现实问题。

关于这点，关注家庭中个人生活方式（人生）的生命周期研究法的分析视角可谓符合"家庭个人化"不断发展的现代社会。此外，如今"生活方式的选择"成为可能，不同的生命历程选择会产生生活上的巨大差异，生命历程研究法可谓是必不可缺的分析法。

例如图 4-4，将现代女性的生命周期出现复线化、多样化的情况用"生命历程树"的形式表现出来。我们可以从中看出在学校毕业后就业、结婚、生产等生命事件中做出不同选择的女性最终会有不同的人生。专职主妇、working mother、DEWKS(Double Employed With Kids)、DINKS(Double Income No Kids)、working single，选择的生命历程不仅反映出各自的价值观念，每个历程中生活结构（家庭结构、家计收入）也大不相同。

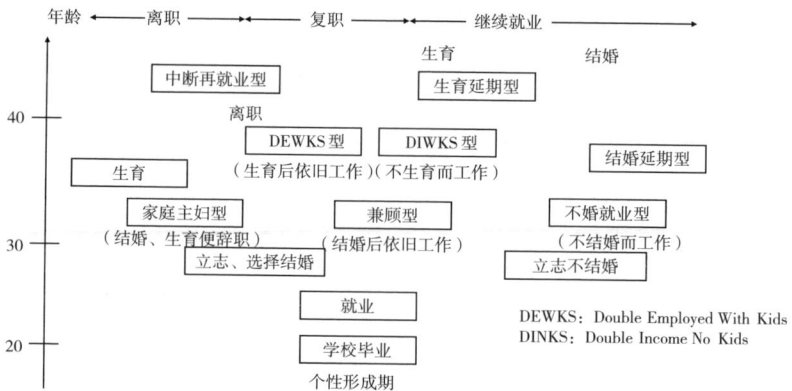

资料来源：冈本祐子、松下美知子编（2002），对第13页做了部分修正。

图 4-4　现代女性的生命历程树

遗憾的是，以生命历程分析消费行为的事例尚为少数，因为生命历程分析可以同时探讨生活结构和生活观念问题，因此它将是今后学者们大加利用的分析法（文献 2）。

3—消费样式的选择机制

本书绝不单纯地将消费行为看成是收入分配和支出分配的问题，它是与包含时间在内的其他生活资源分配息息相关的消费样式的选择问题——这是笔者分析消费行为的立场。我们在第Ⅱ章的分析框架中已做过概述，在关注时间成本的同时思考消费样式的选择机制：究竟是利用家计内部生产？还是将家务交给外部？接下来，在下一节中我们将概观消费过程的变化对市场的影响。

（1）时间分配理论：用于家计内部生产？将家务交给外部？

我们在第Ⅱ章中已经提到，经济学家贝克（G. S. Becker）认为几乎所有的消费都含有"家计内部生产"的一面，具体指衣食住行的相关家务活动。例如，我们来看"吃"这一基本生活行为，我们很少生吃肉、菜等食材，也很少直接食用购入的食品，通常我们会花费时间进行烹饪，或至少都会放到微波炉里加热后装盘，我们的消费就是把食品（food）变成餐食（meal），因此多数消费均经历了家计内部的"最终加工过程"而得以完结，虽然程度有所差别，但家计内部生产被视为消费的前提。

然而，家计可以把一部分或所有有关家计内部生产的家务活动交给市场。例如关于"吃",如果想不亲力亲为,我们可以选择食用加工食品或熟食,也可选择购买便当盒饭或小菜,甚至可以选择外出就餐等(这叫作家务的"外部化"或替代服务的"市场购入")。同样在育儿方面,我们通过选择托儿所、保育院或幼儿园等保育服务可以实现家务的外部化。

消费并非瞬间完成,除收入外,时间也是必需的生活资源。究竟是花费时间进行家计内部生产型消费,还是将家务交给外部通过服务的形式进行市场购入型消费?对于家计来说这都是由时间成本来决定的,即我们可以基本得出消费样式选择的图示:时间成本低的家计则选择家计内部生产型消费(如购入食材花时间烹饪),时间成本高的家计则选择将家务交给外部、进行市场购入型消费(如外出就餐)。此外,通常时间成本可以通过机会成本(在该时间段劳动的收入)测量,因此收入能力高的家计(家庭中有成员拥有获得高收入的能力)时间成本高,对于这种家计消费者可能不会选择家计内部生产,而倾向于将家务外部化。

究竟是选择家计内部生产的时间集约型消费?还是选择将家务交给外部的时间节约型消费?甚至是思考将时间多用于劳动或是多用于休闲?这基本上都已经成为由收入和时间成本决定的"时间分配"(Time Allocation)问题。

（2）消费样式的选择过程

图 4-5 以时间分配理论为基础，围绕家计内部生产型或市场购入型（外部化型）的消费样式选择过程，把其规定因素区分为家计内部因素和市场因素并进行了归纳整理。

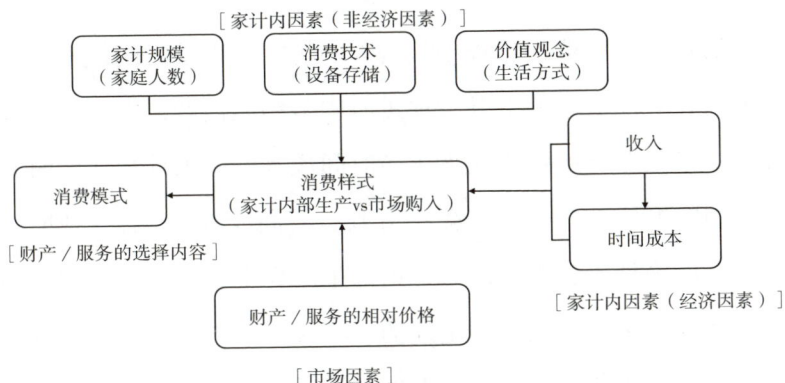

图 4-5　消费样式的选择机制

在该图中，消费者选择的消费样式输出——"消费模式"是指"与特定的消费样式或消费行为相结合的产品、服务的组合"，它不仅是产品或服务的选择内容，而是与投入消费行为的时间及其他生活资源结合成套的概念。例如我们看一看"在家用餐"（"内食"，区别于外出就餐的"外食"）这一传统的食物消费模式，它不仅是单纯地购入、烹饪食材，它还是以烹饪所需的时间、技术及食器、设备等为前提而成立的消费模式。另一方面，食用冷冻食品等时间节约型消费也需要冰箱冰柜或微波炉等机器或家电才能使得这一消费模式得以成立。

因此，消费者购买的产品或服务通常与特定模式的消费行为相结合。相反，通过选择特定的消费样式或消费行为模式我们也能给产品选择或品牌选择划出一定的范围。此外，如图所示，对消费样式的选择过程产生影响的有以下因素。

① 时间成本

消费样式的选择过程中最基本的规定因素是时间成本。一般而言，时间成本的上升会促进时间节约型消费，提高加工度高的产品或服务的购入比例（与时间成本低的家计相比，时间成本高的家计也有同样现象）。相反，时间成本的降低（或时间成本低的家计）会带来以家计内部生产为中心的时间集约型消费。此外，接下去我们将论述的"收入"及"家计规模"等对消费样式产生的影响，实际上也多为通过时间成本产生的间接效果。

② 收入

如前所述，通常消费行为的时间成本可由放弃收入（该时间段不工作而失去的收入）等机会成本进行测算。因此，如果薪金率或收入率上升，时间成本也会上升，结果会促进时间节约型消费。此外，收入增加会减少预算的限制，服务对财产的相对价格较高时会直接促进消费的服务化（时间节约型消费）。

③ 家计规模（家庭人数）

家庭人数所代表的家计规模因素也会对消费样式的选择产生影响。例如单身人士可利用的生活时间限定为一天 24 小时，其中劳动和消费都必须亲力亲为。而如果一个家庭有两人以上的成员，那么可以集中共享（pooling）并灵活运用家庭成员的时间，因此随着家庭成员人数的增加，时间限制也会放缓。此外，如果一个家庭的角色分工是男主外女主内，那么就产生了可集中分配给家庭内生产的时间。因此，如果其他条件相等，那么家庭成员人数较少的家计易倾向于将家务交给外部，也会促进市场购入；相反家庭成员人数增加则会产生规模效应，会促进家计内部生产。

④ 消费技术（设备存储）

消费时的知识、技术、持有家电等的设施储备也会影响消费样式。例如，不仅是烹饪技术，各种生活、家务领域的知识或技术会提高家计内部生产的时间生产性及产生的生活效用。此外，不仅是人力资本，设备存储会通过其内容和使用方法促进家计内生产，相反也会使得消费者选择市场购入以节约时间（如对自己的烹饪技术信心满满的人会讲究亲力亲为，食用冷冻食品必须用冰箱、冰柜或微波炉）。

⑤ 价值观念（生活方式）

即使收入水平和家计规模相同，但消费样式的选择方式也会有异，这反映出价值观念或生活方式的差别。此外，机会成本并不仅限于时间成本，我们还必须考虑投入消费行为的时间所带来的经验价值。之前我们提及了生活方式研究法，消费者的价值观念对消费行为产生的影响之一便是通过这种途径得以实现的。

⑥市场因素

最后，市场因素——财产与服务的相对价格也会影响消费样式的选择。如前所述，如果相对于财产，服务处在优势产品的位置，那么价格的相对下降会促进消费的服务化。例如，过去的外食产业通过系统化、便捷化、IT 化等实现了成本的降低，努力拉低了相对价格（至少是相对价格保持不变），结果促进了消费者选择外出就餐。

4—消费过程的变化与对市场的影响

上一节我们解说的消费样式的选择机制虽然只是概念性的分析框架，但它有助于我们系统性地理解以时间成本为关键概念的消费样式的选择过程及消费模式的决定过程。最后笔者将在前述概念的基础上就消费行为的变化影响市场需求做进一步分析。

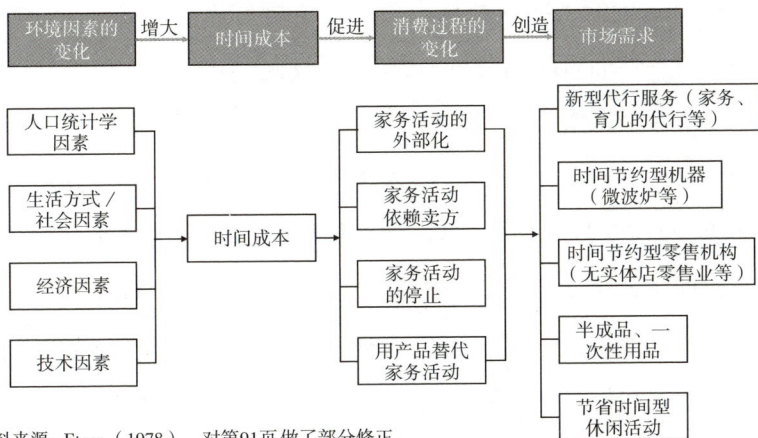

资料来源：Etgar（1978），对第91页做了部分修正。

图4-6 时间成本变化对消费过程产生的影响

图4-6是艾加（M. Etgar）建立的说明图示，它以时间分配理论为基础，显示了各种环境因素的变化引起了时间成本的增加、通过消费过程的变化创造新的市场需求的过程（文献32）。

下面笔者就要利用这个说明图讨论消费过程的变化是如何影响市场需求的。

（1）环境因素的变化

艾加说明图示的左侧方框内列举了使得时间成本增加的环境因素。我们在前一节已经讨论了这些因素对时间成本施加的影响，如果对每一个因素重新进行整理，则如下所示。

① 人口统计学因素

晚婚、不婚、离婚等单身家庭的增加使得时间成本增大，此外出生率低下将女性从家务劳动中解放出来，促进了雇佣劳动，对女性而言时间的机会成本今后将会不断上升。

② 经济因素

以往的经济环境中，收入水平正在不断上升，而这种经济环境一直在提高时间成本。教育投资使收入能力增加、女性成为雇佣劳动力等，这都是时间成本提高的背景。此外，站在放弃收入的观点上，我们可以看到追求丰富的生活会增加时间成本，这点我们马上会加以论述。

③ 生活方式

对待家务劳动的价值观念的变化、对待闲暇活动关心程度的提高等会提高家务劳动的时间成本，产生出对自由时间投入更多价值的倾向。此外，生活方式变得多样和繁忙，这也是提升时间成本的因素。

④ 技术因素

ICT（信息通信技术）引领的多种技术革新方便了我们的生活，同时让我们更加繁忙，例如因为网络和手机的登场，我们24小时都忙得不可开交。

（2）消费过程的变化

艾加说明图示的核心是时间成本增加导致的消费过程变化，即朝时间节约型消费过程变化的阶段。如前所述，消费并非是与时间毫不相关的瞬间活动，在多数场合中时间都是最终阶段的家计内部生产所不可或缺的部分。因此，向时间节约型消费过程的转变就是通过各种方式在最终阶段节约处理时间，具体而言有以下形式。

① 家务活动的外部化

之前我们也论述到，消费过程中的一大时间节约类型是把家务活动交给外部。迄今为止传统的家庭内部的做饭、洗衣、育儿等外部化，促进了外出就餐、干洗、托儿服务等的发展。伴随着时间成本的增大，家务活动越发地可以通过服务消费被取代。

② 家务活动依赖卖方

消费过程中的时间节约不仅是消费者去利用服务，也可以是他们去利用产品的买卖和零售机构。例如我们通过使用便当、小菜等半成本或冷冻食品、微波食品等加工食品就能节省烹饪时间。我们把一部分消费过程委托给了零售机构或制造商。

③ 家务活动的停止

有时家计会通过停止一部分或全部家务活动，或通过减少次数以节约时间。当然这可能会降低生活效用，例如现代社会已经出现了无需熨烫也不变形的衬衫等，这些产品不仅不会降低生活效用，反而能够节省时间。

④ 用产品替代家务活动

这是多数家电产品的情况。通过购入产品家计替代了家务活动、节约了时间。此外，微波炉或全自动洗衣机等为节约时间做出了更大的贡献。在某种意义上，这些家计内部的设备投资提高了家务劳动时间的生产性。

（3）对市场需求的影响

消费过程的变化产生了多种市场需求，我们可以大致整理为以下五个领域。

① 代行服务

应对家务外部化需求的既有服务（外出就餐、干洗、托儿所等）、为节约时间而在各领域开展的代行服务（购物、接送、手续的代办）等。

② 时间节约型机器

为节省消费过程中耗费的精力而产生的时间节约（食品处理器、洗碗机等）、因缩短处理时间带来的时间节约（微波炉）、自动化、预约功能、远程操作等。

③ 时间节约型零售机构

便利店等 24 小时营业的零售店、函售、网购等无实体店零售业、各种快递服务等。

④ 半成品、一次性用品

能够在消费过程中节约处理（烹饪）时间的熟食、节省处理工夫的一次性产品等。

⑤ 节省时间型休闲活动

利用更加高速的交通手段开展的短途旅行，市中心体育馆、健身房等。

如上所述，我们将艾加的说明图作为一个线索而简单地整理了消费过程的变化对市场中产品或服务的需求产生的影响。我们对消费样式的选择行为——消费行为或消费过程所做的分析尚不充分，然而社会结构和市场结构发生巨变的今天，我们可以肯定：这种分析的重要性正不断提高。

［V］

购买决策过程

1—购买行为与购买决策

第Ⅱ章中我们已经论述过购买行为就是通过购买取得、保有产品或服务的行为的总称。购买行为始于产品类别的选择，包含品牌选择、购物场所的选择、购买数量及支付方式的选择等各种选择。此外，我们通常从决策过程和信息处理的视角来分析这些选择问题。本章也将以品牌选择的经过为中心，对决策过程的每个阶段进行考察。现实生活中的每次购买行为中都有不同的产品类别和购买情况，因此我们要首先整理出购买行为产生多样性的因素，论述其中的动机形成因素——"目标"及"参与"等发挥的作用。

（1）产生多样性的各种因素（MAO）

当我们从品牌选择的决策层面把握消费者的购买行为时，必须注意到决策过程的形式及投入信息处理的时间和精力的量会随产品类别的不同而产生变化。此外，即使是同一个产品类别，不同的消费者或同一消费者在不同的购买情况下也会使得购买行为在很大程度上产生多样性。

例如，多数消费者在购买轿车这样高额耐用的产品时都会花费时间和劳力选择车种，事先收集好充分的信息、前往经销商门店试驾。相反，即使是同一位消费者，在购买食品和日用杂货时用于决策和信息处理的时间非常有限，有时基本上是自动选择购买相同品牌。

实际生活中，购买行为呈现出多样性，而产生多样性的因素大致有三类：①动机形成（motivation）、②能力（ability）、③机会（opportunity）。

动机形成，它是促使人行动的心理机制（请参照第Ⅲ章），但它并非仅促使行动，它还产生为实现目标的活动消耗时间和精力的欲望（willing）。在消费者行为的领域，因欲望未被满足而产生消费动机的消费者通过购买、消费产品或服务，开始了能够满足欲望的购买行动，此时动机形成的水平越高，用于决策的时间则越多，消费者也会积极地处理信息。后面我们也会提及，迄今为止目标、参与等动机形成因素一般充当说明购买行为多样性的变数，学者们也常根据参与水平的高低将购买行为进行类型化。

能力，指的是消费者的信息处理能力或进行决策时必要的时间等资源。不论动机形成的水平有多高，如果消费者没有能力和资源，那么也无法花费时间进行决策、无法处理接收到的信息。作为信息处理能力的主要规定因素，通过经验积累的各种知识和认知类型，以及资源方面的时间和经济实力等是主要的说明变量。我们将在第Ⅵ章论述这些能力因素中的"知识"因素所发挥的作用。

机会，指的是何种信息可供利用、信息如何被提供等的信息环境。不论消费者的动机形成水平有多高，不论其具备的信息处理能力有多强大，如果没有可利用的信息，那么也需加以处理。近年伴随着网络的普及，信息处理环境也发生了变化，尤其是可利用信息量的增加让我们瞠目结舌。现在已不仅仅是信息量的问题，信息的提供方法和使用方法才是机会的关键。

综上所述，如果动机形成的水平高、拥有信息处理的能力和资源，并且还有接触可利用信息的机会，那么此时消费者的购买决策过程便可以花费时间和劳力得以完成。相反，如果缺少了其中某项因素（或所有因素），则消费者的决策或信息处理将受到限制。

（2）动机形成的因素——目标与参与

动机形成这一心理机制不仅会驱使人采取行动，还拥有指引行动、维持方向的机能。从"目标"这一切入点说明动机形成机制的框架叫作"目标理论"，其中"手段—目标连锁"和"目标阶层"两个概念发挥着重要作用。

"目标"（goal）指的是个人通过行动想要达成的"期待的状态"。个人的价值观决定了其所期待的状态（目标设定），为了努力实现这种期待的状态（目标实现），消费者会选择必要的行动（手段）并实行。例如许多人都认可"健康"的价值，将"健康"当作期待的状态、把"健康"设定为目标。此时，将"减重"

作为实现目标的手段的人接着会考虑"锻炼""减肥"等具体手段。实现目标的手段成为了新的目标（下级目标／子目标），这种连锁关系就叫作"手段—目标连锁"（means — end chain）。

图5-1是将"手段—目标连锁"的具体例子分为上级目标、中心目标、下级目标三个层次的"目标阶层"（goal hierarchy）说明图示。图中，对于"减重"这个中心目标，"锻炼""减肥"等下级目标是手段。而面对"长寿""自信""塑形、提高身体机能"等上级目标，"减重"这个中心目标又成为了完成上级目标的手段。根据这种阶层性目标结构，一连串的行为都是为了最终实现上级目标。

目标阶层的一般表现　　　　　　目标阶层的具体范例（部分）

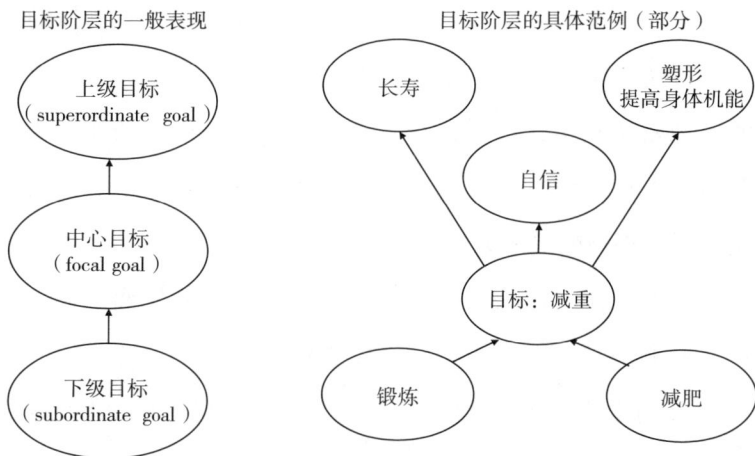

资料来源：Baggozi and Dholakia（1999），对第24页进行了部分修正。

图5-1　三层目标阶层与具体范例

然而，动机形成机制并不单纯地引领消费行为的方向，它还影响着消费行为的强度和持续性。例如，当一个人为了某个目标而形成动机，结果使得此人的心理状态非常活跃，此人也会拥有从身心两方面为实现目标的行动投入精力的意愿。最终，在动机形成的结果——消费者心中萌生出为目标而努力的状态中，"参与"（involvement）这一概念有助于我们理解消费者因实现目标的手段——对象或事项而呈现出的活跃状态。"参与"概念被当作行动强度和持续性的说明变量，特别是在消费者行为的领域中，该概念被视为决策过程中投入努力量和信息处理程度的限定因素，具有举足轻重的作用。

详细内容我们将在第Ⅶ章中进行说明，但现在我们可以得出结论：实现某对象或事项的相关目标与个人核心价值的实现联系得越紧密，参与的水平就越高。例如产品本身与重要价值的实现密切相关，如果消费者越讲究，对该产品的参与（产品参与）水平则越高，结果消费者因为购买决策而投入大量精力，也会开展积极的信息处理。

综上所述，在购买决策中目标阶层所处的局面不同，以及产品和服务要实现的目标不同，则参与的水平也会出现差异。因为参与水平有高低之分，所以购买决策会产生出丰富的多样性。

（3）参与水平导致购买行为出现类型化

现实中的购买行为受到各种因素的影响而呈现出多样化，

但我们无法对多样的事务统计进行分析。当我们将购买行为作为决策过程进行分析时，首先要利用某种框架梳理购买行为的多样性，将决策特征类型化。我们选取阿萨尔（H. Assael）的购买行为类型（文献 23），这种类型重视参与水平和品牌间的认知差异这两个因素，将产品参与水平和购买参与（起源于购买时的认知风险等的参与）水平的高低与品牌间的认知差异大小进行组合，由此将购买行为分为以下四类（参照图 5-2）。各购买行为类型中的决策特征如下所示：

		产品参与、购买参与的程度	
		高	低
品牌间的认知差异	大	① 信息处理型 （complex decision—making）	③ 多样化寻求型 （variety seeking）
	小	② 失协消除型 （dissonance reduction/ attribution）	④ 惯性型 （inertia）

资料来源：Assael（1987），对第87页进行了部分修正。

图 5-2　Assael 购买行为类型

① 信息处理型购买行为

产品参与度高，品牌间认知差异也大，这种情况下（图 5-2 中田字格左上方框）消费者会花费足够时间用于决策、进行综合性信息处理。例如高价产品、购买频度低的产品、专门性高的产品等（汽车、电脑、AV 器材等），一般而言消费者的参与程度较高，且品牌间的认知差异也很大时，则会形成信息处理型购买行为，即问题意识→信息搜索→评价替代方案→选择、购买→购买后的评价等决策过程的所有阶段能得以实现，尤其是在信息搜索和评价替代方案两个环节中可以进行信息处理。

②**失协消除型购买行为**

有时即使购买参与程度高，但品牌间认知差异小（客观上有差异，但无法认知），此时（图5-2中田字格左下方框）纵然消费者事先在某种程度上收集了信息，但因为基本上感觉不到品牌间的差异，所以迅速做出决策后转而把精力放在消除购买后产生的认知不协调。例如，有的消费者对生活家电产品（洗衣机和冰箱等）的各品牌没有大的认知差异，于是经过简单地考虑后便会做出购买决策。该消费者可能在购买后会担心自己购入的品牌（认知失协），为了消除这种担心而事后收集信息。

③**多样化寻求型购买行为**

如果产品参与度低，但品牌间的认知差异大，那么消费者会使用几种不同的品牌，也会在这几种品牌中反复（图5-2中田字格右上方框）。这种反复过程与其说是对品牌不放心，倒不如说是单纯地基于"腻了"或猎奇性。例如点心、速食面、饮料等产品类别，有时消费者会有意识地更换新品牌，尝试不同的品牌享受不同的乐趣。

④**惯性型购买行为**

与以上三种行为类型不同，现实生活中有大量产品是消费者在参与程度低、对品牌间认知差异小的情况下（图 5-2 中田字格右下方框）购入的。例如卫生纸等纸类、电灯、电池、防虫剂等产品类别，消费者鲜少对特定品牌产生强烈的喜好。此外，即使消费者反复购入某特定品牌，那也不过是因为受到"惯性（inertia）"（一直使用这个牌子，更换其他品牌非常麻烦）的支配，是"表面上的品牌忠诚"。

当然，这种类型化是相对的，参与水平和品牌间认知差异也因人而异，但阿萨尔购买行为类型有益于我们梳理购买行为的多样性。

2—购买决策过程的各阶段

在第Ⅱ章我们也论述过，消费者的购买行为不仅限于最终的购买行为（支付等价进行购买），还包含最终购买行为前后各种活动的一连串过程。通常我们在讨论购买决策过程时分五个相继阶段，问题意识→信息搜索→评价替代方案→选择、购买→购买后的评价等（此处我们以高参与型的购买状况为前提，并排除了处理、废弃阶段）。接下来我们将针对每一阶段论述概要。

（1）问题意识

根据我们之前讨论过的目标理论，消费者觉察出有需求未被满足后，便将这种需求当作应解决的问题，为了实现理想中的状态——目标而开始决策（消费者的购买决策被视为为实现目标而展开的问题解决过程）。

第一阶段的"问题意识"（problem recognition）是"理想状态"与"现实状态"的差距，消费者将这种差距视为应该解决的问题（因为消费者意识到对产品和服务的需求是解决问题的手段，因此这个阶段又叫作"唤起需求"阶段）。

例如消费者感觉"肚子饿"是"现实状态"，为了实现"期

116

待的状态"——"吃饱（不饿的状态）"，消费者会考虑外出就餐或购买食材自己烹饪。又比如一个家庭的住房空间因为结婚或孩子的长大而显得狭窄，这时家庭成员会考虑购买或租借一个更大的房子，甚至还会借乔迁之机考虑新添或更换家具家电。

多数场合，消费者会根据过去的经验或知识知道解决问题时需要何种产品或服务，因此"问题意识就是唤起对特定产品、服务的需求"，然后开始围绕品牌进行选择的决策过程。

（2）信息搜索

购买决策过程的第二阶段是"信息搜索"（information search），此阶段的目的在于把握目标产品、目标服务以外存在何种替代品牌，各替代品牌拥有何种特征。

根据搜索的信息源不同，消费者的信息搜索大体分为"内部搜索"（internal search）和"外部搜索"（external search），前者是搜索记忆内的相关信息，后者是搜索外部的信息。通常，面临购买状况的消费者首先会通过昔日的购买经验搜寻记忆内的相关信息（内部搜索），接着如果消费者判断记忆中存在的信息不足，那么会从广告等外部信息源获取追加性信息（外部搜索）。

此外，外部搜索又可细分为"购买前搜索"（pre-purchase search）和"持续性搜索"（ongoing search），前者是以购买某特定产品、服务为前提先行开展的信息搜索，后者是日常生活中持续进行的信息搜索。例如购买家电时，消费者前往家电门店听店员的解说、阅读产品目录等是购买前搜索的例子；而汽车指南等，消费者暂时虽无购买意向但会定期订阅汽车杂志收集信息，这就是后者的例子。

关于通过搜索获得的信息被处理、整合的内在过程，我们将在第Ⅵ章进行说明。

（3）评价替代方案

消费者通过搜索获得了多种信息，进而参照自己的评价基准或规则比较、评价各替代品牌（评价替代方案：alternative evaluation）。

此处的评价基准是为比较、评价各种替代方案而设的标准，在品牌选择中是指消费者在看过每个产品属性后心目中的期待程度。例如我们思考汽车这一产品类别，产品属性与消费者需求、目标、购买动机密切相关，包含价格、经济性、居住性、操纵性、行驶性、快捷舒适性、名望等多方面因素，消费者根据自身的期望值对各产品属性进行评价打分，最终选择汽车的车种品牌。

我们在第Ⅲ章介绍过阐释结构型模式之一的多属性态度模型，根据这个模型我们假定消费者对品牌的整体评价——"态度"由消费者对于该品牌具有属性 i 的确信程度（信念的强烈程度）与该属性的评价方面（该属性的重要程度）的乘积决定。用公式表示则如下所示：

$$A_0 = \sum_{i=1}^{n} b_i a_i$$

A_0：消费者对于某一对象 O（产品或品牌）的态度（整体评价）

b_i：消费者对对象 O 具备属性 i 的确信程度（信念的强烈程度）

a_i：属性 i 的评价（重要程度）

n：属性的总数

用这个公式表示的评价准则允许某属性的负面（如价格高）与其他属性的正面（如燃料费低）相抵（补偿），且该评价准则是用线性关系式表示，因此又叫作"线性补偿型"（linear compensatory）规则。

线性补偿型规则在综合比较、考虑所有品牌特征的基础上对每一项属性进行考察，根据属性的重要程度在评价值上有所偏重，然后计算整体的评价值，最终选择分值最高的品牌。这个规则加大了消费者处理信息的负荷。实际上消费者在比较、评价替代方案时，为了减轻处理信息的负荷，会采用被称为"启发式"（heuristics）的简略版评价准则。此外，很多场合中这些评价准则是不承认属性间相互抵消的"非补偿型"（non-compensatory）规则。例如，代表性的"非补偿型选择启发式"有以下几种类型。

① 连结型（conjunctive）规则

该规则为各属性的必要条件设定最低限度应满足的基准（临界点：cut-off point），一个品牌只要有一个属性满足不了这个基准，不论其他属性如何一律舍弃。

② 分离型（disjunctive）规则

该规则为各属性的必要条件设定可接受基准（这个值比连结型临界点大），一个品牌只要有一个属性满足了这个基准，不论其他属性如何一律选择。

③ 词典编纂型（lexicographic）规则

该规则基于各属性的重要程度进行排序，最重要、得分最高的属性将会被选择（如果第一重要属性最优或符合要求的品牌有两个以上，则比较第二重要属性）。

④ 序列消除型（sequential elimination）规则

该规则与连结型规则相同，为各属性的必要条件设定基准点，如果不满足这个基准点则对所有品牌逐级删除（和连结型规则类似，但区别在于不同属性分别处理）。

⑤ 感情参照型（affect referral）规则

该规则基于过去的购买、使用经验而选择消费者最具好感度的品牌。它不讨论品牌的属性，仅单纯地选取记忆中已经形成的关于各品牌的整体评价（印象）。

当然，实际生活中消费者并不会自始至终只使用一个规则，而是在购买决策过程中分开使用各规则。例如，消费者会先使用非补偿型规则选定品牌，针对少数品牌则会采用补偿型规则（这又叫作"不同阶段策略"）。

（4）选择、购买

消费者根据代替方案评价阶段形成的品牌认识及采用启发法选择并购买特定品牌，然而品牌的选择和购买不会常按照预定的想法进行，有时会受到状况因素的影响导致在计划和行动（购买）之间产生距离。

例如，一位消费者去零售商店购物时并未购买预想的商品，这种购买就称为"非计划购买"（unplanned purchasing）或"冲动购买"（impulse purchasing）。

图5-3为了阐明非计划购买的实际形态而将消费者来店时的购买意向水平和实际的购买内容、购买理由等组合后对购买进行了分类（括号内的数值是流通经济研究所的调查结果）。

① 计划购买（11.0%）
② 品牌选择（10.8%）
③ 品牌替代（2.1%）
　　　　　　　店内刺激的诱导部分
　　　　　　　12.9%

④ 回忆购买（27.8%）
⑤ 关联购买（6.4%）
⑥ 条件购买（26.8%）
⑦ 冲动购买（15.1%）
　　　　　　　店内刺激的诱导部分
　　　　　　　76.1%
　　　　　　　（狭义的非计划购买）

广义的非计划购买
89.0%

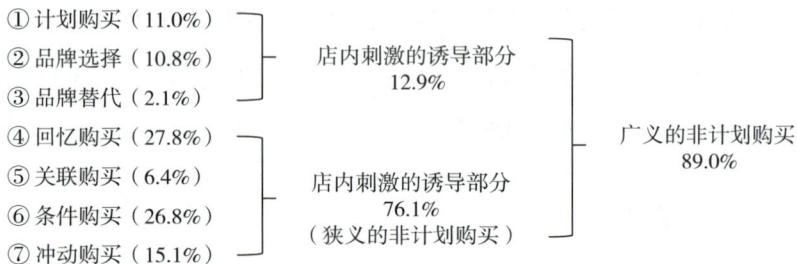

括号内的数值是财团法人流通经济研究所1983年调查的各购买类型的比例。

资料来源：青木（1989），对第73页做了部分修正。

图 5-3　非计划购买的各种类型

其中，④～⑦叫作狭义的非计划购买（消费者尚无产品类别的购买预想），加上②、③（至少在产品类别层面上存在购买意图）后合称为广义的非计划购买。如图所示，非计划购买的比例出乎意料的高，这个现象说明商家在店铺开展的营销策略的重要性。

（5）购买后的评价

购买决策过程的最后阶段是消费者对实际消费所选、所购品牌后做出的评价，即"购买后评价"（post-purchase evaluation）。在这种事后评价中，消费者会将成果与购买该品牌前的期待相比较，最终产生满意或不满意的情感反应、对选择启发方式进行修正，然后反馈给下一次的购买机会。

购买后评价始于比较购买前的期待水平和消费、使用该产品后得到的成果水平，如果后者超过前者，那么消费者会处在满意的状态，最终使得选择启发方式呈现"简化"（simplification）；如果前者超过后者，那么消费者会觉得不满，决定下次购买的选择启发方式将呈现"精细化"（elaboration）。

例如，消费者对选择、购买的品牌感到满意，那么该消费者会反复购买该品牌并最终形成品牌忠诚，这就是选择启发方式呈现"简化"带来的结果。反之，对选择购买的品牌感到不满的消费者会将采用的评价规则从非补偿型变至补偿型，最终使得选择启发方式变得更加"精细化"。

3—购买决策过程的变化

消费者会在多个产品类别内反复进行购买决策，所以在这个不断反复的过程中，消费者积累相关信息、减少购买情况中的复杂性、试图简化整个购买过程。

关于这点，有学者将消费者解决问题的情况分成三大类：①综合性问题的解决（extended problem solving: EPS）、②限定性问题的解决（limited problem solving: LPS）、③常规性反应行为（routinized response behavior: RRB），并且他还假定在消费者积累购买经验和使用经验的过程中，解决问题的情况会按照①→②→③的顺序进行简化（文献33、文献34）。

关于问题解决状况的分类和决策过程的变化有很多理论，此后各理论在用词方法和状况分类的细节方面有所不同，但直到今天这些理论依旧继承了消费者行为论的主要观点，如果我们整理各问题解决状况的概要，则会得出以下内容（请参照图5-4）。

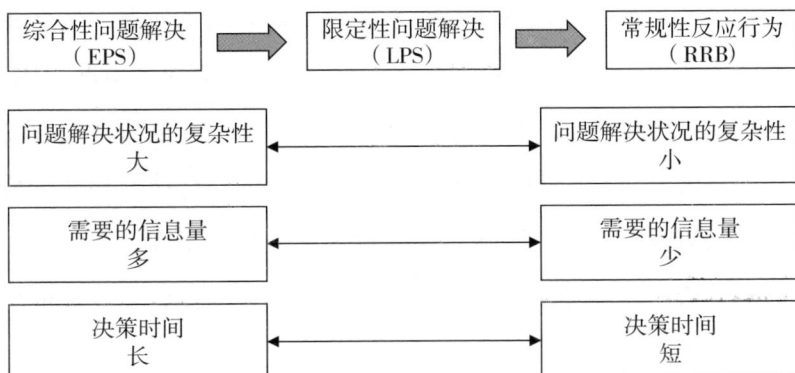

图 5-4　购买决策过程的变化

① 综合性问题解决（EPS）

消费者对该产品类别基本上没有任何了解，所以首先要建立选择基准。当然，消费者或许并不知道存在何种替代品牌，也不清楚各品牌的特征，因此消费者需要大量信息，同时用于决策的时间也会增加。在这个复杂的问题解决状况中，"问题意识"→"信息搜索"→"评价替代方案"→"选择、购买"→"购买后的评价"，这五个阶段全部需要投入时间和精力，尤其是信息搜索和评价替代方案两个阶段中消费者为了建立选择基准需要投入大量的努力。此外，在购买后的评价阶段，消费者为了将信息反馈给下一次的购买机会也会花时间进行讨论。

② 限定性问题解决（LPS）

在这种情况中，消费者已经对产品类别有了一定程度的了解，也形成了选择标准。然而，消费者对上次完成购买行为之后市场上出现的新品牌不甚了解，因此需要追加信息，这也便于消费者修正之前的选择基础。与综合性问题解决的情况相比，虽然复杂程度降低，但限定性问题解决的情况中也需要相应的认知努力和决策时间。此外，决策过程中的信息搜索和评价替代方案阶段虽然必不可少，但可以简化到最低限度。至于购买后的评价阶段，如果消费者感到满意，那么选择启发方式也将得到简化。

③ 常规性反应行为（RRB）

这种情况下，消费者对产品类别和品牌都有了非常翔实的了解，也确立了选择基准。有时如果消费者对特定品牌形成了品牌忠诚，会反复购买该品牌，因此基本上不需要新的信息，决策所用时间也很短。在决策过程中，消费者也不经过信息检索和评价替代方案的阶段，而是简化为"问题意识"→"选择、购买"。有时，对于已经形成品牌忠诚的品牌，消费者在产生问题意识的阶段，在意识到需求的同时几乎会主动购买。

这三类情况的区分都是相对的，产品类别不同，购买决策过程也会有不同的变化方法。例如，购买频率不高的产品类别中，购买间隔很长，因此限定性问题解决的情况可能会长期持续。反之，如果是购买频率非常高的产品类别，消费者则会迅速转移至常规性反应行为的情况。

[VI]

消费者的信息处理与品牌知识

1—消费者的信息处理过程

我们在第Ⅴ章中，从决策过程的角度来分析消费者的购买行为，在"问题意识"→"信息搜索"→"评价代替方案"→"选择、购买"→"购买后的评价"等各个阶段都讨论了其具体内容。本章我们将解说与购买决策同时进行的信息处理过程，特别要重点关注信息处理过程中形成的产品知识和品牌知识的结构和作用。首先，我们以第Ⅲ章介绍过的消费者信息处理理论为基础，分析消费者信息处理过程中"记忆"和"知识"的作用，然后讨论产品和品牌等相关知识形成的基础——知觉编码。

（1）记忆在信息处理中的作用

第Ⅲ章中笔者已经介绍过，消费者处理信息的理论重视分析内在过程，它的特征在于采用类似计算机"信息处理系统"的类比手法来看待消费者的行为，关注搜索、获得、解释、整合、存储外部信息的过程并进行说明。此时，在这一连串的信息处理环节中记忆机制，尤其是其中存储的产品和品牌的相关信息发挥着重要作用。

一般而言，人的记忆是指保存过去的经验，之后采取某种形式再现、利用这种经验的心理机能，由信息的编码（铭记）、存储（保存）、检索（回忆）这三个处理操作构成。例如，消费者会在下一次购物时以某种形式利用过去的购物经验或消费经验选择产品，在这个过程中记忆机制发挥了重要作用：首先消费者会把广告等外部信息进行"编码"，即转换成带有特定含义的内部信息；然后消费者会将这些进行过"编码"的信息以知识等的形式保存起来，这就是"存储"；之后消费者再按需回忆、使用，这就是"检索"。因此，为了从信息处理的角度分析消费者行为的内在过程，我们首先要明确并理解信息处理过程中记忆所发挥的作用。

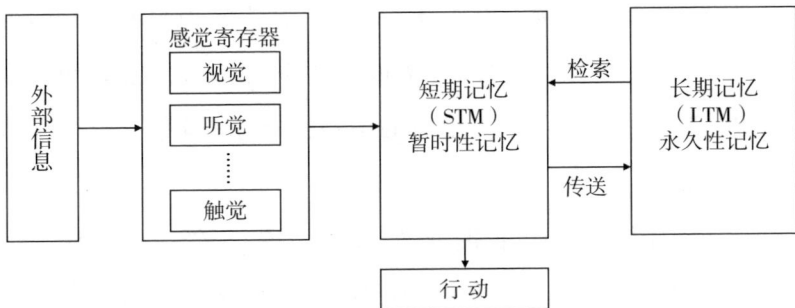

资料来源：Bettman（1979），第140页。

图6-1   消费者信息处理过程中记忆的作用

图6-1将这种记忆机制图示为"双存储模型"（dual storage model），这种模型分为"短期记忆"（short-term memory：STM）和"长期记忆"（long-term memory：LTM）两种类型的记忆，前者是输入信息的暂时性存储，后者是输入信息经过各种处理

而实现内部化后的永久性存储。

根据这个概念模型，我们通过眼睛、耳朵等感觉器官（五官）接收到的外部信息会经过能瞬间保存信息的"感官寄存器"被记忆系统吸收（关于此时的保存时间，据说视觉信息是数百毫秒以内，听觉信息也在数秒以内），而这些输入的信息中只有我们特别在意的信息才会被传送至"短期记忆"中。接着，这些被暂时保存的信息利用现有知识（长期记忆的"内部信息"）实现"编码"（被赋予意义）（因此短期记忆又叫操作记忆）。接着，一部分被"编码"的信息被"传送"至"长期记忆"中，作为内部信息以永远存续的形式被"存储"。此后，存储在"长期记忆"中的内部信息（知识）按需以"检索"的方式被抽取至"短期记忆"中用于其他输入信息的编码，或与其他信息整合后用于"决策"。

"短期记忆"与"长期记忆"通过编码（铭记）、存储（保存）、检索（回忆）这三个处理操作环节紧密相连，我们把每一环节开展的信息处理与知识形成结合起来，便能得出以下内容。

（2）短期记忆：编码与组块化

我们会暂时保存那些经过"感官寄存器"被吸收的信息，并且会进行必要的处理，因此短期记忆如字面所述就是短暂的记忆。如果我们对输入的信息不做有意识的留存或将其转送至长期记忆中，这些信息在 15 秒 ~ 30 秒便会消失。

为了应对这种信息的消失，我们的短期记忆会进行名为"复述"（rehearsal）的处理操作。具体而言，我们为了暂时保存输入的信息会进行一些处理，如"维持复述"（如我们查找电话号码后会一直复述直到打电话为止）或"精密化复述"等，后者通过联系长期记忆中的内部信息以便于保存（如我们通过谐音记忆电话号码）。

此外，在与精密化复述紧密相连的处理操作——"编码"中，我们面对输入的外部信息会利用现有知识给这些信息赋予意义或解释这些信息。例如当我们看到1000日元的价格信息时，会比对现有知识判断其是"贵"还是"便宜"，当我们看到"内含中草药"的成分信息时会认为其"有助于缓解疲劳"，这些都是消费者行为中"编码"的范例。最终输入的外部信息会变成拥有特殊含义的内部信息，作为常识保留在长期记忆中。

然而，短期记忆受到时间的制约，能够处理的信息量也有限，据说大致在 7 ± 2 个模块的程度。此处所说的"模块"（chunk）是指作为处理单位的信息"块"，7 ± 2 是模块受到的制约数量，并非是模块中含有的信息量。为了克服记忆容量的限制，我们会进行一项称为"组块化"（chunking）的处理操作，它可以将相关的多数模块压缩成单一模块。

例如，ratcatdogpig 由 12 块字母组成，很难背诵，如果我们将其分为 rat、cat、dog、pig4 块由三个字母组成的单词就便于记忆，我们甚至还可以将几个单词变成一句话、将几句话变成一篇文章，通过这种组块化便可以轻松地背下长篇诗章。同样，在消费者行为的领域内，消费者不会零散地存储产品或品牌的相关信息，他们会将这些信息分块存储。后面我们也会说到，品牌形象是通过品牌名称或商标形成该品牌的相关信息的一个模块。

短期记忆（操作记忆）中的编码和组块化等操作模式可以使得输入信息变成拥有特殊意义的信息单位。在下文中，笔者将把这一连串的过程总称为"知觉编码"（perceptual encoding）。

（3）长期记忆：记忆区分与知识类型

短期记忆被移送至"长期记忆"储存时，大致分为三类：情景记忆、语义记忆、程序性记忆，每一类记忆都各自形成了相应的内容。

情景记忆是指关于特定时空中发生的事情的记忆，语义记忆是指针对概念、常识的记忆。例如，"妻子生日时在附近的花店买了束玫瑰作为礼物"是情景记忆，"玫瑰是蔷薇科植物，6月的生日花，花语是爱"则是常识性的语义记忆，而"汽车的驾驶方法"是与程序相关的程序性记忆。

记忆的机制原本就是保存过去的经验然后再现它、利用它，因此比起对单个经验的记忆或知识，那些经过一般化、抽象化，甚至是重构化的知识的利用价值更高。情景记忆经历过时间的考验和反复的搜索，剥离了时间和场所的部分，剩下的语义记忆被一般化和抽象化后便形成了"通用概念"（generic concept），

"狗""猫""椅子"就属于"通用概念"。

我们面对的对象在物理上都是各自不同的存在，但我们也能将这些对象当作一个概念，例如我们眼前的每一只狗或猫都各不相同，但我们依旧能以"狗""猫"的概念来认识它们。此外，即使有时"桌子""椅子"并不真实存在，但我们也能在脑海中想象出它们的构造，这是因为我们把对象当作一种心理表象（心理对应物）的概念保存在记忆中（后面我们也会提到，通过使用这些通用概念，即使是外观大有不同的秋田犬和牧羊犬，它们也能被划分在"狗"这个范畴里而与老鼠和狼相区分）。

本章将要论述的产品知识和品牌知识原本也是消费者对该产品或该品牌的购买经验、消费经验的相关情景的记忆的积累，然而不久后，这些情景记忆剥离了时间和场所等因素，作为产品和品牌的相关语义记忆经过概括、提炼后形成了概念性知识。例如啤酒和低麦芽糖啤酒等产品概念和范畴知识，"一番榨""舒波乐""麦芽威士忌""惠比寿"等品牌知识，都是基于各种情景知识而形成的概念或知识（当然，我们通过阅读也能增长见识，因此在概念和知识的形成过程中通常不需要直接经验）。

（4）知觉编码与品牌知识

之前我们提到过，本书中所讲的"知觉编码"是指将输入的外部信息变成有意义的内部信息的操作处理过程，通过编码来对信息进行意义的赋予、解释和组块化，最终实现信息的压缩和再编码。

图 6-2 将"知觉编码"的过程中产品或品牌的相关信息，经历数个阶段实现变换和压缩的过程用图示的形式表现了出来。产品或品牌的相关信息作为知识被我们吸收进记忆时，必须要经过"特征信息"→"属性信息"→"效益信息"等形式的变换（主观化），同时这些信息经被压缩以便我们使用，最后就形成了我们对品牌的态度（或是偏好）。

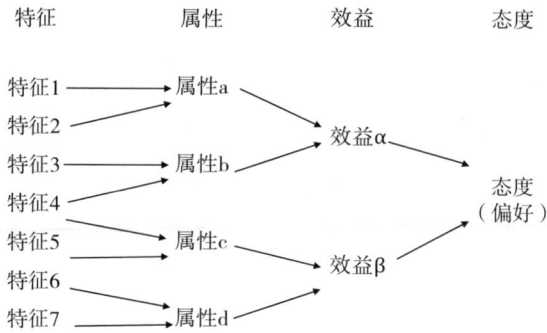

特征	属性	效益	态度

特征1 ——→ 属性a
特征2 ——→
特征3 ——→ 属性b
特征4 ——→   效益α
特征5 ——→ 属性c   态度（偏好）
特征6 ——→   效益β
特征7 ——→ 属性d

图 6-2　知觉编码的过程

特征（characteristics）信息是指有关产品的组成、结构、机能等客观上可以测定的特征方面的信息。我们以电脑计算机（PC）为例，工作频率 2GHz、内存 2GB、TFT 彩色液晶、HDD256GB、重量 588g、耗电量 10W 等有关产品规格的详细信息就属于特征信息。

属性（attribute）信息是指该产品（品牌）能否满足消费者

需求的主观判断（或信念）。例如电脑的处理速度、操作性、便携性、经济性等经过简化的有价值的信息就属于属性信息。

效益（benefit）信息是消费者基于效益属性，给产品或品牌赋予特殊意义、特殊价值的信息。我们如果以电脑为例，则它包含基于处理速度或操作性等的机能效益，以及从颜色、造型设计等感受到的情绪效益等。态度则是消费者对该品牌的整体评价。

在某种意义上，"知觉编码"这一信息处理是消费者基于自身需求和价值观，判断产品或品牌的特征信息的过程，即判断产品或品牌是否满意（属性是否齐全？是否能够提供效益？）。此外，笔者之前也提到过我们可以把形成品牌知识的核心——"品牌形象"理解为在品牌名称这一信息因素下该品牌相关的属性信息和效益信息聚合而成的一个组块。

（5）品牌理解与"已知域"

市场上存在许多品牌，消费者对各品牌做了何种程度的信息处理？在多大程度上理解了该品牌的特征和属性？最终形成了何种内容的知识？这一切都因对象品牌的不同而呈现出千差万别。

霍华德（J.A.Howard）针对某产品类别，将消费者在购买时从已知品牌集合（知觉域）中回忆起的特定品牌的集合称为"激活域"（evoked set，又叫诱发集合），把那些已知却想不起来、不会当成讨论对象的品牌的集合称为"非激活域"以作区分（文献 33）。

按照霍华德的主张，市场上存在可获得品牌的全体集合（可获得品牌域），消费者对品牌存在与否的认识分为"知觉域"和连名字都不知道的"非知觉域"，而"知觉域"中又分消费者在购物时会考虑、会想起的"已知域"和不考虑、想不起来的"未知域"。

在这种"已知域"的思考方式后，又经过数度修正和改良，如今已发展成如图 6-3 所示的"品牌分类"（brand categorization）的概念模型。这个模型中，在"知觉域"的子域里又新设了"已知域"和"未知域"，前者是消费者对该品牌的产品属性特征都做过了解（品牌信息经过了处理），后者是指消费者虽然知道该产品的名称，但对产品属性并不了解（是一种云里雾里的状态）。"已知域"中又设了三种类型，一种是"激活域"，一种是对该品牌形成了否定的态度、不把该品牌作为考虑对象的"拒绝域"，还有一种是消费者了解了该产品特征但并未形成明确的态度、不把该品牌作为购买时的考虑对象的"中止域"。

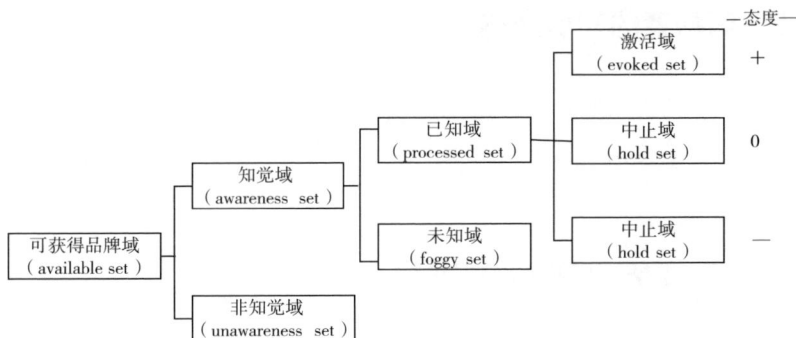

资料来源：Brisoux and Cheron（1990），做了部分修正。

图6-3 Brisoux Laroche 的品牌分类模型

因此，消费者针对某一品牌处理过相关信息、理解了该品牌的特点并形成了肯定的态度，那么该品牌（包含在"激活域"中的品牌）更容易成为选择对象，特别是那些"top of mind"，即消费者最先在脑海中浮现出的品牌，最后被选中购买的概率最大。从迄今为止的实证研究的结果来看，虽然产品类别存在偏差和波动，但"激活域"的容量大小为三个品牌左右，研究者们还发现消费者的参与水平越高，"激活域"的容量就越小。

总之，商家把自己的品牌放入目标群体——消费者的"激活域"中并提高激活的顺序，这就是市场营销的一项课题。

2—消费者的知识结构

（1）理解消费者的知识结构

之前我们也论述过，在"知觉编码"的过程中，输入的外部信息会利用已经存在的内部信息获得自身意义和解释，然后变成新的内部信息，而被赋予意义和被解释的方式将取决于存储在长期记忆中的知识内容。

例如，同样是 1000 日元的价格信息，不同的消费者根据心理参照价位（一种作为内部信息的价格合适感），以及认为该产品究竟值多少钱等因素而将该价格解释为"贵"或"便宜"。此外，消费者面对"内含中草药"的成分信息，是否会认为该药品"有助于缓解疲劳"，取决于消费者对该中草药成分是否具备相关的知识。

长期记忆中的知识并不会以分散的形式被存储，这些知识相互联系并有特定的结构，我们将其称为"知识结构"（knowledge structure）。"知识结构"的存在方式极大地影响着信息处理的方方面面，如消费者认识购买对象的方式、知觉编码过程中的操作处理、内部信息的搜索与诱发等。因此，为了从信息处理的角度来分析消费者行为，我们首先要了解知识结构，即了解知识结构的形式和作用。

本节将选取以下知识结构类型和模式进行解说。

① **类别结构**（categorical structure）

将对象划分到已有的类别（范畴）中或新设一个类别，这叫作类别化，最终形成的知识结构叫作类别结构。消费者的产品类别知识就是这种知识结构的典型例子。

② **语义网络**（semantic network）

语义网络是通过网络结构表现对象的语义或概念间关系的知识结构模型。迄今为止的消费者行为研究将品牌形象的知识结构规定为一种网络模型（network model）。

③ **概要**（schema）

概要是指我们认识同类对象时作为框架的知识结构。例如，产品概要就是类别知识与概要结合的产物。

④ **脚本**（script）

脚本就是关于有先后顺序的事项系列的知识结构。因为预设了脚本，所以我们可以预测下一步应该做些什么、下一步可能发生的情况。

（2）类别知识结构

一般而言，拥有相同特征的对象集合叫作类别（范畴），将对象划分为各个类别叫作分类（范畴化）。之前我们也曾论述过，每个对象在物理上都各不相同，但我们可以利用通用概念将这些对象看成同一概念，对照通用概念我们还能判断出每一个对象的异同。

例如我们在日常购物中会面对多种多样的产品，根据各自的属性和特征我们可以把产品分类、整理为啤酒类、泡面类、牙膏类、洗发水类等产品类别，基于这些产品概念的相关类别，知识结构就是我们做出购买选择的依据。因此，即使我们遇见了未知的产品或品牌，只要和已知的类别结合对比就能让我们在认知上省时省力。此外，有时我们形成新的子类别或利用类别相关的知识就可以更加容易地理解对象（例如，酒精饮料中新增了"低麦芽糖啤酒"这一类别，从字面上我们就能了解该产品类别的大多数特征）。

针对消费者的类别知识结构，图6-4以饮料为例图解了"分类学的类别结构"。

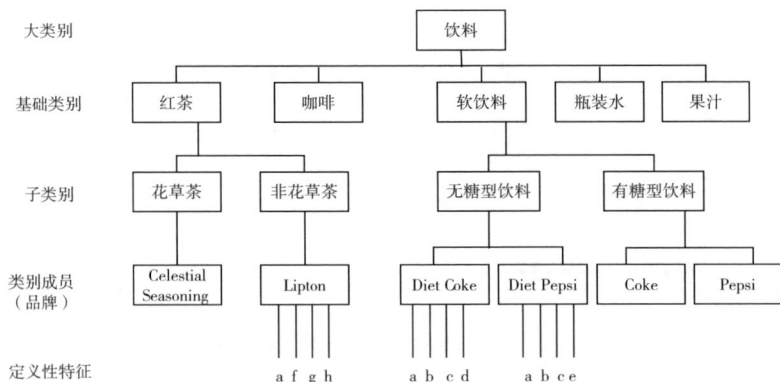

资料来源：Hoyer and MacInnis（2010），对第100页做了部分修正。

图6-4 类别知识结构的范例（分类学的类别结构）

在图中分层的知识结构中,"饮料"这个大类别中包含"红茶""咖啡""软饮料"等基本类别,这些基本类别下又包含"花草茶""非花草茶"等子类别,子类别中又包含具体的品牌作为类别成员。

在这个三层的类别中,我们通过学习能够最先获得红茶、咖啡等基本类别,这也是最常见的类别名称。基本类别的一个特征是我们会对其形成许多鲜明的心理印象,会用明确的形式掌握该类别的内容,包括何种品牌能算作类别成员。

当我们掌握了基础类别后,随着知识量的增加我们会形成一些特殊的、具体的类别,如"饮料"在经过抽象化、普遍化的大类别下会产生"无糖饮料"和"含糖饮料"等子类别,最终在"饮料"这一综合型类别中我们可以越过基础类别而直接选择具体品牌,同时由于"无糖饮料"这一特殊、具体的类别的产生,也让我们更容易为特殊目的选择特定的品牌。

然而,在图6-4的分类学类别构造中,各类别所包含的类别成员(指品牌)都拥有"定义特征"(defining feature),因此各类别之间会产生明确的界限(例如,饮料的类别也会因是否含有咖啡因、碳酸、果汁等而相互区分),但研究者提出类型构建的模式,即消费者并非在记忆中预先形成了这种固定的类别结构,而是面对每一次的购买状况当场建立类别结构。例如,"在工作和学习中用于提神的饮料""为了舒缓心情而喝的饮料"让自己平静下来的饮料"等结合实际目的形成的类别结构都是面对购买状况而建立起来的（这样的类型又叫"特设类别"或"目标指向型类别"）。

不论如何，包含在同一个类别中的品牌之间且存在着相互替代的关系，因此把握类别知识结构能为我们提供重要的战略信息以便我们更好地理解品牌间的竞争关系和市场结构。

（3）语义（联想）网络模型

知识的形成需要两个以上的知识因素相结合，而将"对象"（乃至"事项"）与其"特征"之间的关系用"……是……"的命题形式表现出来的称为"概念性知识"（或称为"概念"）。此外，作为语义记忆中知识结构的表现形式，用网络结构表现对象（事项）概念间的关系就叫作"语义网络模型"。

在这个模型中，每个概念都表现为网络结构中的一个节点，各概念之间的关系通过连接的线条来表示（关系越强则线条越短）。如果某概念受到关注，那么对应的节点会被激活，它会通过连接的线条四处扩散。这个模型就叫作"激活扩散"（spreading activation）模型。

迄今为止的消费者行为研究在讨论品牌形象的知识结构时均采用以"激活扩散"为前提的联想网络模型来表现。图6-5以麦当劳为例显示出其品牌联想网络。

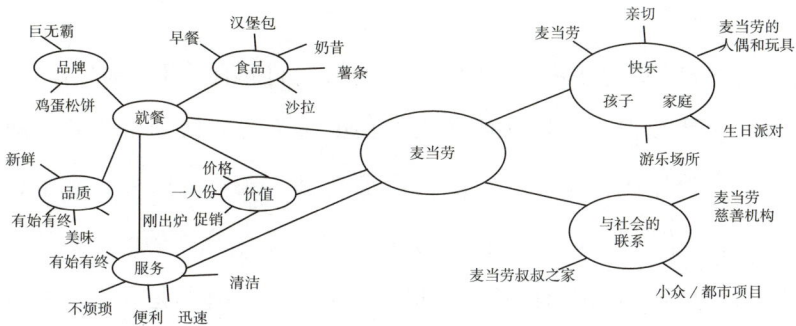

资料来源：Aaker（1997）译本，对第119页做了部分修正。

图6-5　麦当劳的联想网络

该图以"麦当劳"这个品牌为中心，将"就餐""价值""服务"等属性概念用线条连接，在线条的另一端派生出许多详细的特征。假设现在"麦当劳"这个品牌受到关注，该节点被激活，那么它会通过线条扩散到"价格""就餐""服务"等属性概念（即联想在整个网络中不断扩散）。

像这样，从"麦当劳"这个品牌名称会扩散出各种各样的联想内容。在接下来的第3节我们还将从战略的角度论述我们希望产生出显著的、良好的、独特的联想内容。不论如何，品牌联想的网络模型为我们提供了一个了解消费者品牌知识结构的平台。

（4）概要与脚本

长期记忆中保存着各种类型的知识，我们可以把有些知识或有些概念性知识当成一个框架来认识它的同类，这就是所谓的"概要"。

例如，我们在路上见到狗时，因为我们拥有关于"狗是什么"的概念性知识，并且这种概念性知识作为我们认知事物的框架正发挥着作用，所以我们能认出那就是一条狗。同样，为了超越各品牌间的差异，在商店里我们能认出手中拿着的产品是"啤酒"，这就需要我们在长期记忆中存储有关"啤酒是什么"的概念性知识，需要时将其提取出来当作认知事物的一个概要框架。

许多时候，从每个对象中抽象出来的有关"类别"的概念性知识（通用概念）都发挥着"概要"的作用。尤其是我们之前提到过的有关基础类别的概念性知识，它作为概要很容易被激活，并且能够生动地勾勒出该类别事物的轮廓。例如我们的长期记忆中对于四条腿跑、会汪汪叫的动物产生出"狗的概要"，对以麦芽为原料、味苦的酒精饮料产生出"啤酒的概要"，我们将见到的对象与这些"概要"相对比就能认出什么是"狗"、什么是"啤酒"。这时，"概要"比全体动物或全体酒精饮料等大类别更加方便我们想象，也更适用于区别对象。

"概要"是对包含在类别中的对象的具体方面进行抽象化后，同时拥有基本性质（定数部分）和变化性质（变数部分）的知识的总体，它将相关知识组块并全部激活。此外，"概要"中的变数部分中最能充当其默认值的事物被称为"原型"（proto-type），它是我们思考该类别事物的依据。在消费者行为领域，消费者的长期记忆中存在何种产品概要、消费者将哪一个品牌当作典型范例，这些都能成为消费者进行品牌选择时的重要线索。

"概要"是我们认识对象或事物的框架，而沿着时间轴发生的一系列事项的知识结构好比演戏时的剧本，因此这种知识结构就称为"脚本"。例如，我们对去餐厅吃饭这件事情会有关于流程的知识："进入餐厅"→"就座"→"看菜单"→"点菜"→"用餐"→"结账"→"离开餐厅"等，这种先后顺序都已经固定好了的事项的相关知识结构，就是"脚本"。

正因为存在许许多多脚本，我们在日常生活中可以知道下一步该怎么做、预测出接下来将要发生什么。

3—理解消费者的知识结构与构建品牌

本章主要考察消费者处理信息的过程，解说消费者的产品或品牌知识的行程和结构。我们关注产品知识或品牌知识的结构，是因为它对消费者购买决策过程有重大影响，特别是 20 世纪 90 年代以后对品牌资产价值的研究方兴未艾，促使学者们站在战略的角度重新审视知识结构问题。最后，本节将从品牌构建的角度介绍整合品牌知识结构的框架和模型。

（1）品牌知识的组成结构

第Ⅲ章中我们回顾了消费者行为的研究历史，并且清楚地知道，学者们一直关注着"品牌"且对其展开了各式各样的研究，而让学者们重新认识到把握、维持、管理每个个别品牌的资产价值的重要性，则归功于 20 世纪 90 年代兴起的品牌资产价值研究。同时，品牌资产价值研究还有一个不可磨灭的功绩，在于它把迄今为止各自为营的品牌认知、品牌忠诚、品牌形象等诸概念囊括进自己的结构维度中。

例如艾克（D. A. Aaker）曾对品牌资产价值（brand equity）做出过定义："由某一品牌名称或 logo 联想到的积极因素和消极因素的总和（相减后剩下的净价）"，也就是"即使是相同种类的产品，但只要冠以其名就能产生的价值差"。此外，他还列举出五个品牌资产价值的构成部分，包括品牌忠诚度、品牌认知度、品牌知名度、品牌联想度、其他品牌的专有资产（文献 21）。

之后凯勒（K. L. Keller）发展了艾克的品牌资产模型，创立了"基于顾客的品牌权益"（customer-based brand equity）模型，该模型基于消费者的知识结构重新审视品牌的资产价值。凯勒认为，品牌资产价值或差别性优势源于消费者的品牌知识结构产生的差异性效果，如何创立一个拥有完善的知识结构的品牌知识，是品牌构建的重大课题（文献 36）。

图 6-6 是凯勒整理出的品牌知识的组成结构，它可以被看成一个拥有完善的品牌知识结构的标准。接下来，我们就在之前讨论过的问题的基础上分析品牌知识。

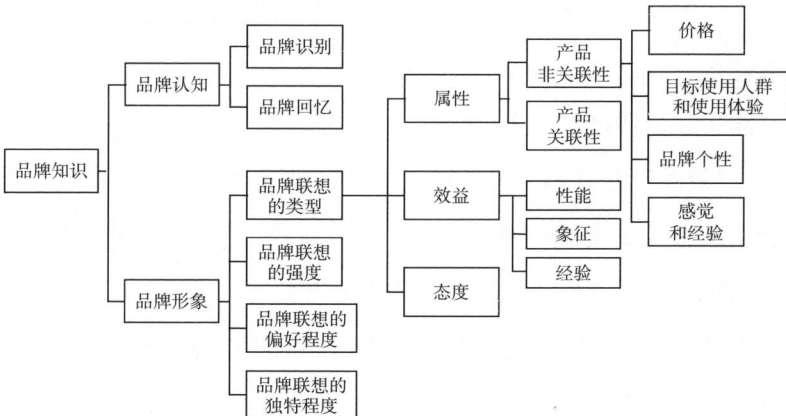

资料来源：Keller（2000）译本，对第132页做了部分修正。

图 6-6　品牌知识的组成结构

如图所示，消费者的品牌知识结构由"品牌认知"和"品牌形象"两部分组成。

"品牌认知"是一个概念，指消费者在各种状况中是否能够识别该品牌，具体而言可以细分为"品牌识别"和"品牌回忆"两部分，前者指消费者在得到品牌名、logo、商标等品牌因素的线索时可以确定这是已知品牌，同时能和其他品牌明确地区分开来；后者指消费者即使无法利用这些品牌因素的线索，也能想起该品牌。当然，我们更希望消费者处于"品牌回忆"的阶段而并非单纯地停留在"品牌识别"的阶段。

"品牌形象"则以我们在前几节介绍的联想网络模型为基础，联想的内容分为"属性""效益""态度"三类。

"属性"是指给产品或服务赋予特征的可描述的性质，它又分为"产品关联属性"和"产品非关联属性"，前者规定了产品的外观和性质等，后者的价格、目标使用人群、使用体验等能对购买和消费过程产生影响。

"效益"是指消费者给产品或服务的属性里赋予的个人价值和个人意义，分为"机能效益"（对应产品属性的内在效益）、"象征效益"（对应目标使用群体等产品非关联属性的外在效益）、"经验效益"（通过产品或服务的使用经验而感受到的效益）三个类型。

"态度"则是消费者针对一个品牌的整体评价。

凯勒以上述品牌形象中的联想内容为基础，认为被消费者选择的品牌才是资产价值较高的品牌，而资产价值高的品牌给消费者以强烈、良好、独特的印象，并让消费者形成了肯定的态度。

（2）品牌的构建步骤

要建造一栋牢固的房屋，首先要夯实地基，然后将建筑材料一块一块地往上垒，要构建一个坚固的品牌也是同理，需要一系列的顺序和充当建筑材料的构成物。凯勒使用这样的类比将品牌构建的步骤用图 6-7 的"品牌金字塔模型"（又叫"品牌构建模型"）呈现了出来。

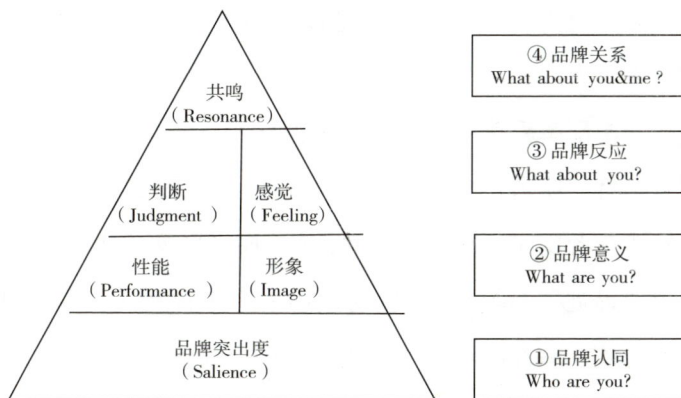

资料来源：Keller（2002），第76页。

图 6-7　品牌金字塔模型

如图所示，凯勒提出的品牌构建步骤分为四个阶段，由六个大块堆积成金字塔形状，这也是之前我们论述过的建立一个理想的品牌结构的设计图。

① 品牌认同（消费者识别、认同该品牌）

为了实现第一阶段的"品牌认同"，商家必须确立品牌突出度（显著性、突出性），而最大的课题是如何建立一个深入广泛的品牌认知，即不能让顾客停留在"品牌辨识"阶段而是进入到"品牌回忆"的阶段，并且要让消费者在脑海中最先想起该品牌，让消费者尽可能在许多状况下都能想起该品牌。

② 品牌意义（消费者对该品牌意义的理解）

第二阶段的金字塔出现了分流，一个是"性能"，一个是抽象的"形象"。前者是基于产品特性或属性的信赖性、耐久性、服务的良好程度等，后者是以使用人群、使用者的购买及使用体验等为内容。

③ 品牌反应（合适、期待的反应）

第三阶段的"品牌反应"是第二阶段的"品牌意义"带来的消费者反应，因此也承接了第二阶段的两股支流，分为"判断"和"感觉"，前者是顾客对品牌的个人评价（评判、判断），是理论的、理性的反应（品质、信用、顾虑、优势）；后者是顾客对品牌的情感反应，是感性的反应（温暖的程度、有趣的程度、兴奋、安心感、社会性承诺、自尊心）。

④ 品牌关系（构建消费者与品牌之间的关系）

第四阶段的"关系"对应的"共鸣"是金字塔第二阶段、第三阶段两股支流的合流，是顾客与品牌产生共鸣、两股支流的意义和反应得到调和的状态。"共鸣"具体指消费者在行动上对品牌的忠诚、态度上与品牌的交流和接触（是强烈？还是微弱？）、共同体意识和积极参与（是活跃？还是沉闷？）等方面。

　　总之，为了构建一个坚固的品牌，商家必须清楚地把握自己的品牌究竟处在哪个阶段，并且要充分讨论已确定的品牌知识的内容，然后一步一个脚印地向前推进。

[VII]

消费者的参与水平与评价

1—重新思考"参与概念"

在第 V 章中，我们介绍了购买行为多样性的三个说明因素（MAO）——动机形成、能力、机会，其中动机形成的因素——消费者的参与水平，尤其受到学者们的重视，它作为一个变量规定了消费者在购买决策过程中投入的精力及信息处理所能达到的程度。本章中我们会联系前几章论述过的品牌知识和关系构建等问题，通过设置"参与水平"这个分析视角来解说消费者行为的多样性。首先，我们要明确"参与水平"这个分析视角的意义，然后追溯"参与"研究的源流。

（1）一个分析视角——"参与水平"的分析视角

笔者反复强调，现实生活中的消费者行为多种多样，但我们无法一一分析，因此我们需要一个能归纳说明消费者行为多样性的视角或框架，而"参与水平"这一概念可以将消费者的多样性行为纳入动机形成的机制中，以便我们联系消费者的价值意识并对其进行分析。

第 V 章中我们也提到过，动机形成机制不仅为消费者的行为指引了方向，它还影响着消费者行为的强烈程度和持续性。如果一个目标的实现依赖于一个产品被消费者所消费，那么当这个目标与消费者个人心中重要价值的实现相结合时，形成了强烈消费动机的消费者的心理会处于十分活跃的状态，他会为了实现这个目标投入大量精力。动机形成的结果使得消费者为了实现目标而将购买产品当作实现目标的一种手段，而消费者内心被产品激活的这种心理状态就是"产品参与"。

换句话说，产品本身已经与消费者实现个人重要价值相联系，因此如果消费者对某产品格外关注或坚持，那么消费者的参与水平（活跃水平）会变高，最终会在购买决策过程中投入大量精力，或在日常生活中积极收集相关信息。

例如汽车不仅拥有性能上的价值，还拥有自我表现的价值，如果一位年轻男性对车非常讲究，那么他平日里就会保养爱车，有空便会阅读汽车杂志，或即使暂时没有购买的需求，也会关注广告（这叫作"持续性信息搜集"）。要买新车时，他会反复去特约店试驾，花足够的时间做出购买决定（这叫作"购买前信息搜索"）。同样道理，关注市场潮流和化妆品的年轻女性也会将大量时间用于看杂志收集信息、与朋友谈话，甚至是"橱窗购物"。

至于电灯泡、厕纸等产品，大多数消费者几乎不会花费太多心思。一般而言，消费者对大多数产品的参与度很低，在这种低参与度的情况下他们只会做出有限的信息收集和决策（当然，产品参与的水平因人而异）。

然而，即使消费者对产品的参与程度（产品参与）很低，但他们依旧会积极收集信息、花费时间用于购买决策。例如很少有消费者对冰箱、洗衣机等生活家电的参与度高，但如果这些生活家电价格高昂或各家店铺报价不一，那么消费者可能在决策时货比三家、花时间慎重考虑。又如选购求职面试时穿的正装、给女朋友买饰品当作礼物，即使消费者本人的产品参与很低，但也会慎重选择。基于购买决策的重要性的参与，叫作"购买参与"（购买决策）（当然，产品参与度高，最终消费者的购买参与程度也高）。

笔者在第Ⅴ章中介绍的阿萨尔的购买行为类型，是将"产品参与"和"购买参与"结合起来作为衡量参与水平高低的标尺。参与水平这一分析视角是分析消费者行为多样性的重要切入点。

"参与"一词原本是指"卷入"（involved）某对象或事项的状态，但如果按这种解释，那么消费者真正参与的产品或购买则少之又少，甚至有人指出消费者本身并不像该产品的经销商或消费者行为的研究者那样参与产品或购买，因此大多数场合消费者都是低参与型的行为，我们在研究时也要充分注意这一点。

（2）"参与"研究的源流

要探寻"参与"一词的词源，我们可以追溯到社会心理学领域使用的"自我参与"的概念。此外，消费者行为研究领域中克鲁格曼（H. E. Krugman）提出的"低参与学习"或"媒体参与"观念，霍华德－谢思模型中的"购买重要性"概念等都可谓是"参与"概念的本源。这些研究流派互相重叠最终发展成今天的"参与"研究，因此我们也可以看出如今有各种各样的"参与"概念存在并产生了混乱。现在笔者就简要地回顾一下"参与"研究的源流，比较这些概念的异同。

① 自我参与的研究

心理学领域的"参与"概念历史久远，20 世纪 40 年代谢里夫（M. Sherif）等人提出了"自我参与"（ego-involvement）这一概念，用于说明说服性沟通导致的态度转变，由此开了研究"参与"的先河。

我们所说的"自我参与"是表示形成态度的对象、事项与个人的自我领域（与自己结合的核心价值领域）结合的程度。谢里夫等人将对象、事项与个人的核心价值强烈结合的状态定义为"高自我参与"，反之则为"低自我参与"。自我参与的程度越高，自己原有的认知范围（立场）就发挥着"锚"一样的支点作用，当沟通交流的内容与自己的立场相近时我们会欣然接受（同化效果）。反之，如果沟通交流的内容与自己的立场相距甚远，我们就会拒绝（对比效果）（因此，谢里夫等人的理论又叫作"社会性判断理论"）。此外，自我参与的程度越高，我们的可接受范围（接受域）就越狭窄，不可接受的范围（拒绝域）就越广阔，与自我参与程度低的情况相比，态度不容易发生变化。

这是一种通过参与水平来说明说服性沟通导致态度变化的方法，它一直发展至今，我们后面将提到的"详尽可能性模型"等双重过程模型也继承了这种方法。此外，自我参与的概念以"产品与自我概念、重要的价值、动机等的关联程度"的形式建立了"产品参与"概念的原型。

② 媒体参与的研究

1965 年克鲁格曼在论述广告效果的论文中提出了"低参与学习"（low-involvement learning）的概念，以此为契机，"参与"这个词也广泛用于消费者行为研究领域。

克鲁格曼认为通常观众并不会特别注意电视等媒体播放的广告内容，与高参与状态下接受的信息不同，这些低参与状态下接受到的信息只能一点一点地改变视听者的认知构造（克鲁格曼称之为"低参与学习"）。因此电视广告能通过重复播出以提升产品的知名度，但它在消费者进行购物前并不能让他们的态度产生变化，真正让消费者的认知结构发生明显变化，进而让这些变化发挥效用的是店内的购买状况。

此后，克鲁格曼通过脑电波来测量媒体参与水平的高低，获得了许多新发现并提出了一系列假说：活字广告比电视广告能检测出更多的 β 波，而这种波能显示精神活动的觉醒状态；处理活字广告信息的主要是在大脑的左半球，而处理电视广告信息的主要是在大脑的右半球，其效果以视觉图像为中心。克鲁格曼还进行了一些与今日脑科学研究紧密相连的先驱性研究。

克鲁格曼提出的参与概念反映出观众信息处理的类型和强度因媒体的特征和沟通状况产生出的差异，它具有"媒体参与"（或"沟通参与"）的性格。

③ 购买重要性的研究

参与研究的第三股源流是"购买重要性"的概念及其相关的研究潮流。

购买重要性的概念作为影响整个消费者购买决策过程的一个因素，学者们很早就注意到了它的重要性。例如霍华德—谢思模型（1969 年），这个有关购买决策过程的综合性模型中，购买重要性也是一个非常重要的外生变量（文献 34）。

此外，根据霍华德的定义，购买的重要性是"支配消费者活动动机的相对强度，它规定了某产品和其他产品的相对关系"，有时它又被叫作"参与的程度、购买的重要性、任务的重要性、结果的深刻性"等各种名称。

如果我们用如此宽泛的视角去看待购买重要性，那么它会与参与概念大幅度重合，但它是反映消费者对选择任务（为了实现购买目标，我们应在多个替代方案中选择哪一个？）或选择结果（我们选择的替代方案是否能实现我们的购买目标？）"在意程度"（degree of caring）的一个概念，带有"购买参与"的性格。

综上所述，我们回顾了参与研究的源流，并介绍了"自我参与""媒体参与""购买重要性"这三个研究方向。这三个概念都用于分析"消费者正在参与什么"（being involved with），但根据不同研究的需要，三者会在内容上出现不同。接下来我们会单辟一节介绍这些概念的框架，并分析消费者的参与给信息处理过程带来的影响。

2—消费者参与与信息处理过程

我们在第 1 节中明确了以参与水平的视角梳理、分析消费者行为多样性的重要意义，在此基础上我们还回顾了参与研究的历史并得出结论：参与概念有多个源流，它们在研究上都可以等同于"参与"这一用语，但内容上并不相同。接下来，我们要首先明确参与概念的最大公约数特征，然后从信息处理理论的观点提出、解说消费者参与的分析框架。

（1）消费者参与的分析框架

参与研究原本以社会心理学的自我参与概念为出发点，之后消费者行为研究领域中的许多研究都采用了"参与"一词，由此词义也产生了混乱。因此，学者们创设了一个框架以便梳理、分析多种多样的参与概念。

例如帕克（C. W. Park）和米歇尔（B. Mittal）追溯了曾经的参与研究，他们把"消费者参与"定义为"目标导向型信息处理能力的觉醒状态"（goal-oriented arousal capacity），并列举了它的三点特征：①它是以消费者心中的重要价值和动机为基础的目标导向型状态、②它是以产品和品牌等对象或以购买和使用等状况为契机而被激活的状态、③它是规定相关信息处理水平或内容的变量（文献44），即"消费者参与"既是产品参与也是购买参与，它作为基于价值和动机的被激活的心理状态，强调给消费者信息处理过程带去的影响。

皮特（J. P. Peter）和奥尔逊（J. C. Olson）提出了影响信息处理过程的状态变量——"被感知参与"（felt involvement），同时他们列举了"被感知参与"的三个源泉：消费者特性、产品特性、状况背景（文献45）。同样，系夫曼（C. Shiffman）等人也提出要将"参与的源泉"与"参与的状态"明确区分，但综合考虑到信息处理过程受到的影响，他们还加入了能力或机会等"调整变数"（文献47）。

经过了这些讨论，接下来就请大家时刻牢记图7-1的分析框架，一起来看消费者参与对信息处理过程产生的影响。一些主要相关因素的概念如下：

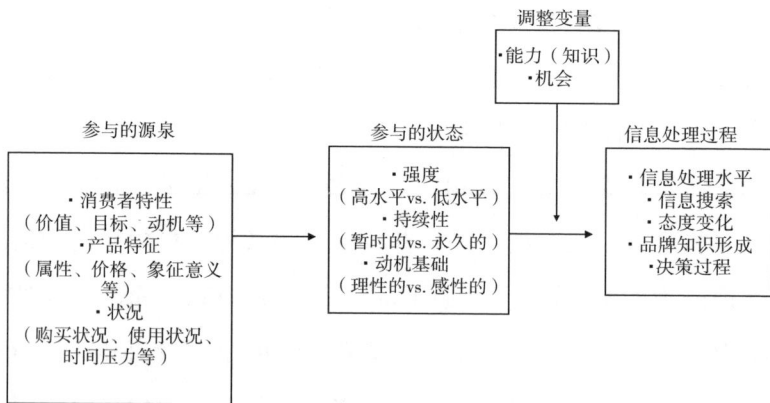

资料来源：Shiffman et al.（2008），对第250页做了部分修正。

图7-1 参与的源泉与对信息处理产生的影响

① 参与的源泉

价值、目标、动机等消费者特征是参与的基础，产品的特征和状况是激活参与状态的契机，这些都被认为是参与的源泉或先决条件。产品参与是将消费产品、使用产品、拥有产品与实现消费者个人的重要价值紧密相连，以此为基础而被激活的一种参与，也可谓是以消费者特征和产品特征为源泉的一种参与。另一方面，多数"购买参与"则是以购买状况、使用状况的重要性、时间压力等为基础的参与。

② 参与的状态

"参与的源泉"是参与的先决条件，"参与的状态"是最后的结果，如果我们要把两者分别视之，那么需要寻找一个视角来看待影响信息处理过程的参与状态。下文中我们不仅会关注参与水平的高低，还会关注参与状态的持续性（永久性参与？暂时性参与？）、动机基础（是理性？还是感性？）。

③ 调整变量

我们在第 Ⅴ 章也曾提过，信息处理过程的限定因素不仅有动机形成因素，能力因素和信息处理的机会等都发挥着重要作用。接下来我们在通过详尽可能性模型说明态度的变化时加入动机形成因素——参与、能力因素——知识，考察它们对信息处理过程的影响。

④ 信息处理过程

参与程度的高低、参与状态的持续性、参与的动机基础都给消费者信息处理过程带去了深远的影响。接下来我们要重点探讨参与水平对信息搜索、态度变化、品牌知识的形成、决策过程等产生的影响。

（2）消费者参与状态的区分

刚才我们也提到，要区分"参与的源泉"和"参与的状态"，必须寻找一个视角来看待影响信息处理过程的参与状态。我们可以选择三个要点作为状态变量来分析参与的特征：参与的契机、参与状态的持续程度、参与的动机类型。

① 根据参与的契机进行区分

学界对"参与"的概念有多种定义，但如果以"因某种因素而被激活了的状态"这个共同视角来看待的话，那么我们可以通过关注消费者参与的契机而将消费者参与的概念分为两类：针对特定对象的参与（"对象特定型参与"）和以特殊状况为契机的参与（"状况特定型参与"）。

"对象特定型参与"如字面所示是对特定对象（object）进行的参与，是基于消费者个人价值体系与对象的关联程度的参与类型，最典型的例子就是消费者对产品类别的参与——"产品参与"。"状况特定型参与"则是指在某个特定状态下以完成任务为契机而激活的参与，最典型的例子就是购买决策过程中为完成任务而进行的"购买参与"。

②根据参与的持续程度进行区分

参与是一种被激活的状态，我们能够用持续时间的长短来进行区分。例如，以产品参与为代表的对象特定型参与，只要消费者个人的价值体系中该产品的地位没有发生变化，那么参与水平就不会随状况的变化而产生变化，它能够长期持续下去，因此这种状况下的参与又叫作"永久持续性参与"。

而购买参与等状况特定型参与，因为它是被眼前的任务或状况激活，所以又称为"状况参与"或"暂时性参与"。后面我们也会提到，参与水平对信息处理过程的影响不仅存在程度的高低之分，在持续程度上也大不相同。例如我们探讨参与水平对信息搜集的影响，产品参与程度高，则会收到持续性的反应，信息搜索也会持续进行下去。

③根据参与的动机基础进行区分

参与是动机形成的结果，因此动机基础的差异决定了消费者的参与对信息处理的影响。

帕克和米歇尔关注动机的种类，提出了两种参与类型：一个是以追求产品的功能或性能等实质性价值的功利性／功能性动机为基础的"理性参与"；另一个是以通过使用产品来表现自我的价值表现性动机为基础的"感性参与"。

根据帕克和米歇尔的观点，动机基础不同，则处理信息的方式也不同，如果理性参与程度高，那么进行的是基于属性的分析型（analytical）信息处理；如果感性参与程度高，那么进行的是整体类比型（analogical）信息处理。

例如，我们非常关注电脑的功能和性能，如果我们的理性参与程度很高，那么会基于内存、CPU性能、硬盘大小等规格信息进行分析处理。对于潮流产品，我们则会选择那些符合自己风格的物品，而这种价值表现型动机就是我们参与的基础，感性参与的程度也高，因此我们会对款式、风格等信息进行整体类比。当然也存在像汽车这样理性参与和感性参与都很高的产品，但两种参与也是处在一个相对的关系，共同决定着信息处理的样式。

表7–1将产品参与和购买参与这两个典型的消费者参与概念进行了状态区分。

表7–1 产品参与和购买参与的特征

	产品参与	购买参与
参与的契机	对象特定性	状况特定性
参与的持续程度	持续性	暂时性
动机基础	理性／感性	理性／感性

（3）参与水平与信息处理

一般而言，参与水平越高，消费者也会更加有意识地、集中地、采取主动的方式处理信息（信息深加工：deep processing），而参与水平越低则消费者不会努力获得信息，对信息的处理也仅停留在最小限度的精细化加工和表层意义上（信息浅加工：shallow processing）。

接下来，我们结合信息处理水平从信息搜索、态度变化、品牌知识的形成、决策过程等方面来分析消费者参与对信息处理过程产生的影响。

① 对信息检索的影响

参与水平的高低和参与的持续程度会极大地限制消费者信息搜索的程度和内容。

一般而言，随着参与水平的提高，消费者的信息搜索量会增加，当然这也与知识水平密切相关，搜索量最多的是高参与——低知识的情况。此外，信息搜索分为购买前搜索和持续性搜索两类，如果购买参与的程度很高，那么将进行购买前搜索；如果产品参与的程度很高，那么将进行持续性搜索（产品参与程度很高的情况下，会在持续性搜索的基础上再加入购买前搜索）。

此外，理性参与的程度很高时，消费者会搜索性能、品质等相关属性信息；而感性参与的程度很高时，消费者会搜索款式设计等信息。

② 对态度变化的影响

参与水平的高低也会影响态度变化。例如派蒂和卡乔鲍提出的"详尽可能性模型"（elaboration likelihood model）将说服性沟通导致消费者态度变化的路线分为"核心路径"和"边缘路径"，当消费者对产品的参与程度低、对传播信息做精细加工（花费精力和时间搜索）的可能性很低时，则边缘路径有效（文献46）。

图7-2将这两条路径的态度变化用图示的形式表现出来。如图中左侧流程所示，如果消费者存在对说服性传播信息做精细加工的动机和能力，那么精细加工的可能性会变高，则核心路径有效（对传播信息做精细加工后，会产生坚固、稳定的态度）。

如果动机和能力二者缺一或两者均欠缺时，对传播信息做精细化加工的可能性会降低，则边缘路径有效（传播信息的内容不会进行精细化加工，形成的态度也是暂时性、易变性的）。

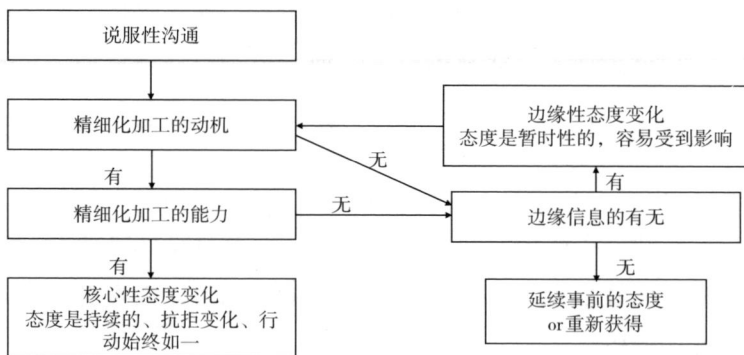

资料来源：Petty and Cacioppo（1986），对第4页进行了简略。

图7-2　详尽可能性模型

我们以电脑广告为例，如果消费者对电脑的参与程度高，也有将广告内容进行精细化加工的动机，并且拥有较高的知识水平、具备精细化加工的能力，那么核心路径有效。消费者会对电脑的性能等属性信息进行详细比对，通过自身的认知结构形成坚固、稳定的态度。反之，如果消费者对电脑的参与程度低、没有对广告内容进行精细化加工的动机，或有动机却缺乏知识和能力，那么消费者会利用边缘线索选择知名商家的产品，边缘路径有效（产生的态度是暂时性的、易变的）。

③ 对品牌知识结构的影响

之前我们在说明社会性判断理论时提到了一种假设：针对形成态度的对象和事项，随着自我参与程度的提高，可接受立场的范围（接受域）逐渐变窄，不可接受立场的范围逐渐扩大（拒绝域），通过说服性沟通也很难使得态度产生变化。如果我们结合品牌分类模型（请参照第Ⅵ章）可知，随着产品参与程度的提高，激活域（意识域中形成了肯定态度的品牌集合）变小，拒绝域（意识域中形成了否定态度的品牌集合）则变大。曾经有学者将激活域和拒绝域的比例作为产品参与水平的指标进行研究，这为我们思考参与水平和知识结构的关联提供了一个视角。关于产品参与和知识结构的关系及品牌承诺，我们将在下一节进行解说。

④ 对决策过程的影响

最后，我们还发现，参与水平与知识水平互相结合规定了决策过程的整体样式。例如皮特和奥尔逊以图 7-3 的形式把参与水平的高低和知识水平的高低进行组合，最终将购买决策过程分成了四类。

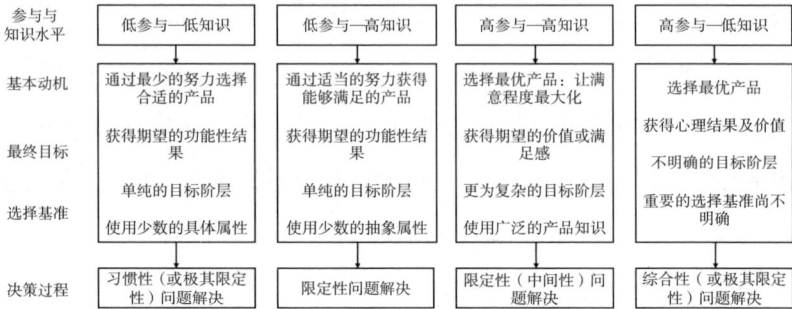

参与与知识水平	低参与—低知识	低参与—高知识	高参与—高知识	高参与—低知识
基本动机	通过最少的努力选择合适的产品	通过适当的努力获得能够满足的产品	选择最优产品；让满意程度最大化	选择最优产品
最终目标	获得期望的功能性结果	获得期望的功能性结果	获得期望的价值或满足感	获得心理结果及价值 不明确的目标阶层
选择基准	单纯的目标阶层 使用少数的具体属性	单纯的目标阶层 使用少数的抽象属性	更为复杂的目标阶层 使用广泛的产品知识	重要的选择基准尚不明确
决策过程	习惯性（或极其限定性）问题解决	限定性问题解决	限定性（中间性）问题解决	综合性（或极其限定性）问题解决

资料来源：Peter and Olson（2010），对第177页做了部分修正。

图 7-3　参与、知识水平与决策过程

"低参与—低知识"的情况中会进行习惯性问题解决型（乃至极其限定性问题解决型）决策，消费者倾向于花费最小限度的努力来选择合适的产品；而"高参与—低知识"的情况下会进行综合性问题解决型决策，消费者倾向于选择最优的产品（然而，这种情况下因为消费者知识水平的低下，也会变成极其限定性问题解决型决策）。此外，"低参与—高知识"的情况下会发生限定性问题解决型决策，消费者倾向于通过适当的努力选择能够满足的产品；而"高参与—高知识"的情况下也会开展限定性问题解决型决策，但消费者会力求产品选择和满足度的最大化。随着参与与知识水平的提高，决策过程的样式也会发生变化。

3—消费者参与与评价

如前所述，"对象特定型参与"是指消费者个人针对特定对象（产品或品牌等）进行的参与，是以该对象与消费者个人价值体系的关联为基础的一种参与类型。此外这种类型的参与具有"价值关联性"（目的关联性），即该对象在个人的价值体系中与核心重要价值的实现越相关，那么消费者的参与水平越高。本节中我们将以对象特定型参与的代表例子——产品参与与品牌承诺为中心，从其与消费者的关系构建角度出发，分析包含知识结构在内等的内容。

（1）产品参与与知识结构

对象特定性参与的代表例子——产品参与是以产品类别为对象的参与，它被定义为"消费、使用、拥有该产品与消费者个人的价值体系紧密相联而激活的参与"。

因此，消费者对于与价值体系中核心价值的实现紧密相联的产品类别会高度参与，然而即使该产品类别原本就与核心价值的实现有关联，但如果消费者本身对产品类别和价值、目标的关联性（relevancy）没有清楚的认知，参与水平就会变低。在这个意义上，消费者同时拥有对产品类别的知识（产品知识）

与对自身价值结构的知识（自我了解）才是产品参与的前提条件，两者必须要靠手段—目标连锁来连接。

我们已经在第Ⅴ章简单地提及过手段—目标连锁，它是一个概念模型。我们也已经知道，信息处理的结果形成了产品知识的结构，消费者的价值体系制约着目标阶层，而该模型就是将产品知识的结构和消费者价值体系结合起来进行综合性说明。图7-4用三个阶段的阶层结构显示了手段—目标连锁，抽象化水平由低到高（由具体到抽象）、产品的"属性"、从属性中获得的"结果"、由结果实现的"价值"等构成了该连锁。我们以汽车为例，它的手段—目标连锁如下："气囊是标配"（属性）→"驾驶时保证安全"（功能性结果）→"自己放心，家人舒心"（心理社会性结果）→"珍爱家人"（价值）。

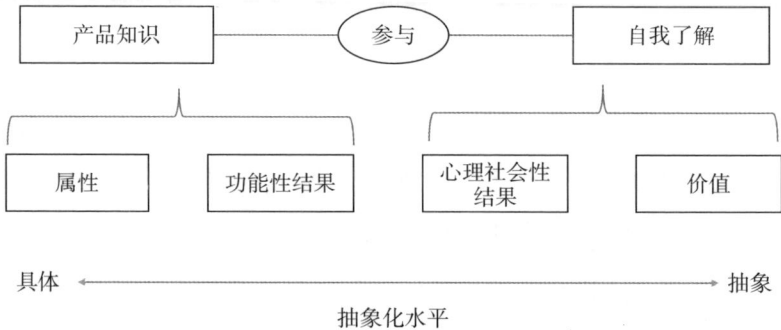

资料来源：Peter and Olson（2010），对第86页进行了部分修正。

图7-4　从手段—目标连锁看参与与知识结构

皮特和奥尔逊将这四阶段中从"属性"到"功能性结果"

认为是"产品知识"，将"心理社会性结果"到"价值"认为是反映消费者自身个人价值的"自我知识"。通过这样的手段—目标连锁，产品知识越是在高抽象化的水平上，与反映消费者核心价值的自我知识相结合，消费者越会参与（被卷入）该产品（文献45）。

（2）产品参与与品牌承诺

"品牌承诺"是与"产品参与"非常相近的概念，因此两者的异同经常被学者们当作问题进行研究。

"品牌承诺"（brand commitment）是指"对某产品类别内的特定品牌的感性及心理性联系"，或"作为该产品类别内唯一可能被接受的选项，某特定品牌在消费者心中被认可的程度"。

因此，同样是对象特定型参与，品牌承诺和品牌参与被视为同类，然而从基本上来说两者的区别点在于参与的对象究竟是"产品类别"，还是产品类别中的特定"个别品牌"？

初期的研究不仅将"产品参与"和"品牌承诺"分别视为两个不同的概念，还有人把前者视为后者的限定条件（即高产品参与是品牌承诺的前提），但如今有越来越多的研究开始否定这个假设。如图7-5所示，库辛（P. Cushing）和道格拉斯（M. Douglas-Tate）将产品参与与品牌承诺视为两个相互独立的个体，并以它们为基轴将消费者分为四类（文献30）。

	高	低
	品牌忠诚者	常规性品牌购买者
高	·希望"最好" ·对产品和品牌都很满意 ·有中意的品牌 ·不使用其他品牌	·不是"最好"的也行 ·钟爱某品牌时感性程度很低 ·对品牌感到满意，对产品则不然 ·有中意的品牌 ·不使用其他品牌
	信息搜索者	品牌切换者
低	·希望"最好" ·对产品满意，但对品牌不满意 ·试用多种品牌 ·搜索信息	·不是"最好"的也行 ·理性地钟爱某品牌 ·购买多种品牌 ·对产品和品牌都不满意 ·受价格影响

（左侧纵向标注：品牌承诺）

资料来源：Cushing and Douglas-Tate（1985），修正了第249页。

图 7-5　从手段—目标连锁看参与与知识结构

此外，产品承诺不仅与产品参与有差异，它与"品牌忠诚"之间的异同也经常被当作研究课题，但现在的普遍看法是将前者区分为行为性指标，后者是态度性指标（或前者是行动性忠诚，后者是态度性或认知性忠诚）。

区分两者的理由是，如果消费者在态度层面上对某特定品牌有承诺，那么在行动层面上也会对该产品保持忠诚，反之则不然，因为消费者在减少购买的努力、简化决策时也会有"表面上的忠诚"（没有承诺地反复持续购买）。

像这样，品牌承诺的概念被视为区分"真正的品牌忠诚"与"表面上的品牌忠诚"的重要指标，它还被当作理解消费者反复购买某特定品牌的深层心理过程的核心概念。

除了反复持续地购买，品牌承诺度较高的消费者行动还有其他特征：向其他人推荐该品牌、对该品牌的负面信息也不为所动的坚定态度、高 WTP（willingness to pay：支付意向）、考虑范围小等（文献 9）。

（3）承诺的类型与关联性

当我们把"品牌承诺"视为一个态度性概念，把它当作消费者与特定品牌之间的"纽带"（bond）时，主要存在两种类型的承诺概念。一种是"感性承诺"，源自对品牌的"钟爱"（attachment）；另一种是"理性承诺"（或"计算性承诺"），以在感知风险、品质、性能等方面与竞争品牌的感知差异为基础（文献 9）。

"感性承诺"是指消费者因为钟爱该品牌，所以想与其维持联系的程度，它是对品牌这一特定对象的承诺。"理性承诺"的基础是以根据感知风险等认知性因素及与竞争品牌的感知差异而计算出的转换成本，它是对反复持续购买特定品牌的这种"关系"的承诺（前者与对象特定型参与相对应，后者与状况特定型参与相对应）。

不论是哪一种类型的承诺，当承诺度高时，消费者寻找其他品牌作为替代的倾向会降低，因此它限定了消费者与品牌之间的关系，但以持续的感性动机为基础的承诺最终会带来稳定、持续的关系。

此外，在消费者行动领域中研究感性作用的乔杜里（A. Chaudhuri）指出，品牌与消费者的关系的本质不仅受到承诺类型的限制，还受消费者对该产品的参与类别的影响（文献29）。

根据乔杜里的研究，对于理性参与程度高的产品，因为消费者能强烈觉察到功能性风险，所以以消费者信赖为基础而构建起的品牌通过消费者的认知性承诺能在市场上获得稳定的份额。另一方面，感性参与程度高的产品与消费者建立了感性联系，因为有这份感情上的承诺，所以即使价格高昂也能被消费者接受。

我们在第Ⅵ章中介绍了凯勒提出的基于消费者品牌知识结构的品牌构建顺序（品牌构建模型）。最后的第四阶段的课题在于关系的构建，具体而言是指让消费者对某一品牌表现出行动上的忠诚和态度上的专一。

本章论述的产品参与和承诺是构建品牌关系（品牌与消费者之间的坚实关系）的关键概念，可谓是品牌战略、市场营销与消费者行为研究之间架起的桥梁的结点。

后记

　　我初次开设消费者行为论的课程是在前任学校——关西学院大学商学院担任专职讲师的第二年，1985年。我记得当时很少有大学将消费者行为论设为专门科目。此后经过25年的岁月流逝，现在几乎所有经济学系、商学系的本科和专科都开设了消费者行为论的课程，因此越来越需要消费者行为论的教材。不仅是学生，相当多的实业家也对消费者行为论感兴趣。

　　本书的基础是笔者以前编写并持续改订的课件笔记或课堂研讨会上分发的资料，然后笔者又将概论部分进行了重新整合。本书的策划历经了10年以上，如今终于成型。按照企划阶段的构想，笔者原本努力想系统地、精炼地总结消费者行为学的基础视角、框架、概念等，但受到文库本的字数篇幅限制，对很多话题还没有展开论述。如果您有兴趣，请阅读笔者在导读部分介绍的书单中的书。

　　笔者在完成本书期间受到了多方关照。首先，笔者在完成本书的原型——关西学院大学时期的课件时，与当时的同事中西正雄（关西学院大学）、池尾恭一（庆应义塾大学）二位老师的讨论让我受益匪浅。其次，阿部周造（早稻田大学）、小岛健司（神户大学）、和田充夫（关西学院大学）等各位老师在各种机会给予我的教导在本书中也随处可见。此外，永家一孝（日经产业地域研究所）、新仓贵士（法政大学）、松井刚一（一桥大学）、松下光司（中央大学）的各位老师也阅读了本书的最终定稿并提出了宝贵意见。笔者衷心地感谢诸位老师们的指点和关照。

此外，从本书的企划阶段开始日本经济新闻出版社的伊藤公一与堀江宪一就不厌其烦地进行着编辑工作，还有让本书真正成型的细谷宪司，谢谢你们的辛勤工作。

最后，笔者还想把本书献给阪神大地震后第15年，也就是今年春天走入社会的长子（翔）和次子（现）。遭遇过阪神大地震的孩子已经长大成人步入了社会。同时对于把基于关西时代的课件写作成书却意外遭遇难产的草稿付梓，这一刻我感慨颇深。

这本书就像我的孩子，在我把它交付出去时终于可以长舒一口气，但也感受到了一丝的寂寞。希望得到各位读者的严厉指正。

178

导读

本书是消费者行为学的入门书籍，受到纸张篇幅的限制，本书的内容着实有限，尚留有许多话题无力涉及。如果有读者读罢此书对消费者行为论感兴趣、想更加深入地了解相关内容，笔者以参考文献书单中列举的书籍为中心为您介绍接下来您应该阅读的书籍。

首先，我推荐您先阅读日语文献，如文献 13 "消费者理解のための心理学"和文献 17 "消費者・コミュニケーション戦略"。

前者如书名所示是站在消费者心理学的立场上编纂的参考书，但它网罗了消费者行为相关的基本话题，可谓是有助于理解消费者的必读书籍。后者是关于市场营销 4P 中的各领域教材系列的其中一册，书中将"消费者行为"与"交流"相结合，并包含了本书中尚未提及的"消费者间的相互作用""后现代消费者研究""全球化消费者研究"等课题。

文献 15 "消費行動の社会心理学"也是一本编著的教材，它由消费者行为领域中价值取向、个人内部过程、个人间过程、交流、地域性、文化影响等六部分组成，论述了影响消费者行为的各种因素，能让读者有所参考。

接下来笔者要介绍几本相关研究学者的独立著作。文献14"新しい消费者行動"并非教材而是研究著作，书中将20世纪80年代及以后的消费者行为研究成果分发展史、外部因素理论、综合性决策模式、信息处理理论四类进行了总结，然后还介绍了市场营销科学领域中的消费者行为研究。对消费者行为的计量分析感兴趣的读者，笔者还推荐您一起阅读文献11"マーケティング・サイエンス"。

文献16"消费者行動論体系"也是一本独立著作，它是以近年来的研究动向为基础的系统性书籍，同时还介绍了消费者心理学（包含认知心理学、社会心理学）相关的最新研究成果。

以上介绍的都是日文文献，然而消费者行为研究的内容广泛，并且欧美的研究者是该领域的领军人物，因此当我们想全面学习新的研究成果时必须倚赖英文教参。笔者在参考文献中也列举了主要的参考书，现在就简要介绍各自的特征。

Blackwell 等的参考书（文献 27）在 2005 年出版了第 10版，是经久不衰的畅销书，本书第 II 章也以综合性概念模型为例介绍了该书的概况。此外，Hoyer 和 MacInnis（文献 35）则以本书第 V 章后的论述依据——MAO（动机、能力、机会）为基础谋篇布局。Peter 和 Olson 的著作（文献 45）基于消费者信息处理理论而成，对消费者行为的情感方面也有详尽的论述，对

读者们有很大的参考价值。除此之外，Shiffman（文献 47）和Solomon（文献 49）的著作也是一版再版的代表作。

最后，笔者想再次重申：本书因为受到文库本体积的限制，同时又是入门书籍，因此回避了许多引用，如果您想了解笔者写作本书时援引的书籍和论文，请参照笔者以共著的性质执笔的文献 6"マーケティング"中分析消费者行为的第二部分中的各章及其参考文献、引用文献。

笔者希望借由此书和这些参考书籍让更多的人对消费者行为研究产生兴趣。

［参考文献］

文献前（　）内的数字与正文中所示参考文献的序号（例如文献 7 等）对应。因为篇幅的关系，笔者仅列出了一部分参考文献。

（1）青木幸弘（1989）「店頭研究の展開方向と店舗内購買行動分析」田島義博・青木幸弘編著『店頭研究と消費者行動分析——店舗内購買行動分析とその周辺』誠文堂新光社。

（2）青木幸弘、女性のライフコース研究会編（2008）『ライフコース・マーケティング—結婚、出産、仕事の選択をたどって女性消費の深層を読み解く』日本経済新聞出版社。

（3）飽戸弘（1999）『売れ筋の法則——ライフスタイル戦略の再構築』ちくま新書。

（4）阿部周造（1978）『消費者行動——計量モデル』千倉書房。

（5）阿部周造（1984）「消費者情報処理理論」中西正雄編

著『消費者行動分析のニュー・フロンティア——多属性分析を中心に』誠文堂新光社。

（6）池尾恭一・青木幸弘・南知恵子・井上哲浩（2010）『マーケティング』有斐閣。

（7）井関利明（1974）「消費者行動」富永健一編『経済社会学』東京大学出版社、45 － 82 頁。

（8）井関利明（1979）「ライフスタイル概念とライフスタイル分析の展開」村田昭治・井関利明・川勝久編著『ライフスタイル全書——理論・技法・応用』ダイヤモンド社、3 － 41 頁。

（9）井上淳子（2009）「ブランド・コミットメントと購買行動との関係」『流通研究』日本商業学会、第 12 巻第 1 号、3 － 21 頁。

（10）岡本祐子・松下美知子編（2002）『新　女性のためのライフサイクル心理学』福村出版。

（11）片平秀貴（1987）『マーケティング・サイエンス』東京大学出版会。

（12）坂井素思（1992）『家庭の経済』放送大学教育振興会。

（13）杉本徹雄編著（1997）『消費者理解のための心理学』福村出版。

（14）清水聰（1999）『新しい消費者行動』千倉書房。

（15）竹村和久編著（2000）『消費行動の社会心理学』北

大路書房。

（16）田中洋（2008）『消費者行動論体系』中央経済。

（17）田中洋・清水聰編（2006）『消費者・コミュニケーション戦略』有斐閣アルマ。

（18）中西正雄編著（1984）『消費者行動分析のニュー・フロンティア』誠文堂新光社。

（19）御船美智子（1996）『家庭生活の経済』放送大学教育振興会。

（20）三浦俊彦（1992）「消費者行動」及川良治編著『マーケティング通論』中央大学出版部、41 － 92 頁。

（21）Aaker,D.A. (1991) Managing Brand Equity, The Free Press. ［陶山計介他訳（1994）『ブランド・エクイティ戦略』ダイヤモンド社］

（22）Aaker,D.A. (1996) Building Strong Brands, The Free Press. ［陶山計介他訳（1997）『ブランド優位の戦略』ダイヤモンド社］

（23）Assael,H.(1987) Consumer Behavior and Marketing Action(3rd ed.),Kent.

（24）Becker,G.S.(1965) "A Theory of the Allocation of Time," The Economic Journal, Vol.75, pp.493–517. ［「時間配分の理論」宮澤健一・清水啓典（1976）『経済理論——人間行動へのシカゴ・アプローチ』東洋経済新報社］

（25）Bagozzi,R.P. and U.Dholakia (1999) "Goal Setting and

Goal Striving in Consumer Behavior," Journal of Marketing, Vol.63, Special Issue, pp.19–32.

（26）Bettman,J.R.(1979) An Information Processing Theory of Consumer Choice, Addison–Wesley.

（27）Blackwell,R.D., P.W.Miniard and J.F.Ebgel(2005), Consumer Behavior(10th ed.), South–Western.

（28）Brisoux,J.E. and E.J.Cheron(1990) "A Proposed Consumer Strategy of Simplification for Categorizing Brands," in J.D. Summey and R.D. Taylor(eds.), Evolving Marketing Thought for 1980. Southern Marketing Association, pp.112–114.

（29）Chaudhuri,A.(2006) Emotion and Reason in Consumer Behavior, Butterworth–Heinemann. ［恩藏直人他訳（2007）『感情マーケティング―感情と理性の消費者行動』千倉書房］

（30）Cushing,P. and M.Douglass–Tate (1985) "The Effect of People/Product Relationships on Advertising." In L.F. Alwitt and A.A. Mitchell(eds.), Psychological Processes and Advertising Effects. Erlbaum, pp.241–259.

（31）Dichter,E.(1960) The Strategy of Desire, Doubleday. ［多湖輝訳（1964）『欲望を創り出す戦略』ダイヤモンド社］

（32）Etgar,M.(1978) "The Household as Production Unit," J.N. Sheth(ed.), Research in Marketing, Vol.1, JAI Press, pp.79–98. ［青木幸弘訳（1987）「生産単位としての家計―家計生産関数アプロ

ーチから見た消費者行動」『流通情報』流通経済研究所、9月号、36 － 44 頁、10 月号、33 － 40 頁]

（33） Howard,J.A.(1963) Marketing Management: Analysis and Planning(2nd ed.), Richard D.Irwin.

（34） Howard,J.A. and J.N. Sheth (1969) The Theory of Buyer Behavior, John Wiley & Sons.

（35） Hoyer,W.D. and D.J.MacInnis (2010) Consumer Behavior(5th ed.), South-Western.

（36） Keller,K.L.(1998) Strategic Brand Management: Building, Measuring, and Managing Brand Equity(2nd ed.), Prentice-Hall. ［ 恩藏直人・亀井昭宏訳（2000）『戦略的ブランド・マネジメント』東京エージエンシー]

（37） Keller,K.L.(2002) Strategic Brand Management: Building, Measuring, and Managing Brand Equity(2nd ed.), Prentice-Hall. ［ 恩藏直人研究室（2003）『ケラーの戦略的ブランド・マネジメント〈戦略的ブランド・マネジメント増補版〉』東京エージエンシー]

（38） Kotler,P.(1980) Marketing Management(4th ed.), Prentice-Hall.

（39） Kotler,P.(1999) Kotler on Marketing, The Free Press. ［ 木村達也訳（2000）『コトラーの戦略的マーケティング』ダイヤモンド社]

（40）Kotler,P.(2003) Marketing Insights from A to Z, John Wiley & Sons.［恩藏直人監訳（2003）『コトラーのマーケティング・コンセプト』東洋経済新報社］

（41）Krugman,H.E.(1965)"The Impact of Television Advertising: Learning without Involvement,"Public Opinion Quarterly, Vol.29, pp.349–356.

（42）Massy.W.F., D.B.Montgomery and D.G.Morrison(1970) Stochastic Models of Buying Behavior, The MIT Press.

（43）Packard,V. (1957) The Hidden Persuaders, David McKay.［林周二訳（1958）『隠れた説得者』ダイヤモンド社］

（44）Park C.W. and B.Mittal (1985)"A Theory of Involvement in Consumer Behavior: Problem and Issues,"in J.N. Sheth (ed.), Research in Consumer Behavior, Vol.1, JAI Press, pp.201–231.

（45）Peter, J.P. and J.C.Olson (2010) Consumer Behavior and Marketing Strategy(9th ed.), MacGraw–Hill/Irwin.

（46）Petty,R.E. and J.T.Cacioppo (1986) Communication and Persuasion: Central and Peripheral Routes to Attitude Change, Springer–Verlag.

（47）Shiffman,L., D.Bednall, A.O'cass, A.Paladino, S.Ward and L.Kanuk (2008) Consumer Behavior(4th ed.), Pearson Education Australia.

（48）Sheth,J.N., D.M.Gerdner and D.E.Garrett (1988) Marketing

Theory: Evolution and Evaluation, John Wiley & Sons. ［流通科学研究会訳（1991）『マーケティング理論への挑戦』東洋経済新報社］

（49）Solomon,M.R.(2010) Consumer Behavior: Buying, Having, and Being(7th ed.), Prentice–Hall.

（50）Wilkie,W.L.,(1986) Consumer Behavior, John Wiley & Sons.

（51）Zaltman,G.(2003) How Customers Think. Harvard Business School Press. ［藤川佳則・阿久津聡訳（2005）『心脳マーケティング』ダイヤモンド社］

译后感

　　青木幸弘是日本国内消费者行为学的领军人物，《消费者行为学的知识》一书是其第 12 本著作。该书最初以文库本的形式出版，因而字数有限，但作为消费者行为学的入门书籍可谓是"麻雀虽小五脏俱全"。然而，这本著作在日本出版后获得的评价却呈两极分化[①]：有读者认为该书"作为消费者行为学领域的入门书籍对于外行来说门槛太高""行文晦涩难懂"，也有的读者认为该书"对于研究消费者行为学的人来说极为便利，对于那些凭经验洞察顾客行为的实务人员，不失为一册良书"。

　　译者对以上两种评价都有深切的共鸣，因为该领域并非自己的所学，以至于初译本书时常因各式各样的专业术语而不得不停笔查证，甚至会出现似懂非懂不知所云的挫败感。然而，坚持到最后一字时译者也发现，阅读此书的体验就像动身探险新大陆之前先获得了一张羊皮地图，各处关卡、密道、屋室、

---

　　① 　例如，我们可以参见日本亚马逊上的读者评论：https://www.amazon.co.jp/消费者行動の知識 –（日経文庫）– 青木 – 幸弘 /dp/4532112222。

亭台大致印在了脑海里，如果能有幸亲自踏入这片充满魅力的新领域，有这张地图的引领想必可以领略更为旖旎的风光。

为了更好地使用本书，我们在翻阅之前不妨先明确该书的定位和特点。

首先，作者青木幸弘写作该书时的目标对象是经济学系、商学系的学生及实际从事该行业的人，该书的撰写基础是从前青木幸弘编写并持续改订的课件笔记或课堂研讨会上分发的资料，然后他又将概论部分进行了重新整合。因此，本书虽然是该领域的入门书籍，但它不是一本供人茶余饭后消遣或睡前随翻随止的通俗书籍，而是一本专业入门指南书。

其次，消费者行为学原本是市场营销学中的一环，之后不断援用经济学、心理学、社会学等相关学科理论和概念，进入20世纪70年代已经形成了一个独立的研究领域，所以本书中也会出现各相关学科的知识及理论，对外行来说阅读时肯定会有一些障碍。以上这两点便是有的读者评价此书"门槛太高"的原因。

再次，本书力求对消费者行为学的理论和分析框架做出体系性、通俗易懂的说明，如书中介绍了消费者行为学的研究史和研究流派、消费者行为的分析框架等，每一处说明均井井有条却又点到为止。对于这样一本入门书籍，想继续深入研究的专业人员无疑会有意犹未尽之憾，但亦可借此寻找研究的突破口。

作者青木幸弘在书中的导读部分针对想要继续深入的读者列出了书单和阅读方法，可谓是为专业人士打开了继续前进的大门。然而译者在翻译的过程中却常常思考，如何才能让这本书也为外行人打开消费者行为学领域的大门呢？现在译者就谈谈自己的几点不成熟的体会，权当抛砖引玉、与各位读者交换读书心得。

第一，使用对照法。消费者行为学领域的领军人物多为欧美学者，而该书是日本学者为日本人写的入门指南。阅读此书时我们能够了解日本学者对消费者行为学的理解与认识，但距离经典著作或世界前沿成果又难免会有隔靴搔痒之感。因此译者建议，有条件和时间的读者可以视自己的能力对照阅读相关领域的英文书籍（该书的导读部分和参考文献部分已列出书单），或对照阅读中译本的相关书籍。我国在消费者行为学领域已有长足进步，不少西方经典教材的优秀中译本一版再版，尤其是许多中译本后会附"术语表"，这能大大节省我们查证的时间、提高我们的阅读效率。

第二，使用联想法。本书因为篇幅限制，加上入门书的性质，只对消费者行为学做了系统性概述。它为我们搭起了了解该学科的框架，剩下的就需要我们自己努力让这个框架有血有肉地丰盈起来，最好的办法就是理论结合实际。例如，如今的市场促销手段纷繁复杂、花样百出，作为消费者的我们时常经不住诱惑，仅凭一时冲动就买些无用之物，这时我们可以联系购买决策的五个阶段（"问题意识"—"信息搜索"—"评价替代方案"—"选择、购买"—"购买后的评价"）想想究竟是在哪一个环节失去了理性？又如一个企业想要响亮地打出自己的牌子，仅砸下大钱广做宣传就可以了吗？我们回想书中"品牌的构建步骤"中的"品牌构建模型"便可知，"品牌认同""品牌意义""品牌反应""品牌关系"这四步中如果出现任何差错都无法完成目标。如此给抽象的理论、概念接上"地气"，能帮助我们更好地理解书中的知识。

最后，因为译者的学识和能力有限，翻译过程中难免出现错误和纰漏，恳请各位读者不吝赐教、批评指正。

姜瑛

北京邮电大学人文学院

"服务的细节" 系列

《卖得好的陈列》：日本"卖场设计第一人"永岛幸夫
定价：26.00 元

《为何顾客会在店里生气》：家电卖场销售人员必读
定价：26.00 元

《完全餐饮店》：一本旨在长期适用的餐饮店经营实务书
定价：32.00 元

《完全商品陈列 115 例》：畅销的陈列就是将消费心理可视化
定价：30.00 元

《让顾客爱上店铺 1——东急手创馆》：零售业的非一般热销秘诀
定价：29.00 元

《如何让顾客的不满产生利润》：重印 25 次之多的服务学经典著作
定价：29.00 元

《新川服务圣经——餐饮店员工必学的 52 条待客之道》：日本"服务之神"新川义弘亲授服务论
定价：23.00 元

《让顾客爱上店铺 2——三宅一生》：日本最著名奢侈品品牌、时尚设计与商业活动完美平衡的典范
定价：28.00 元

《摸过顾客的脚才能卖对鞋》：你所不知道的服务技巧，鞋子卖场销售的第一本书
定价：22.00 元

《繁荣店的问卷调查术》：成就服务业旺铺的问卷调查术
定价：26.00 元

《菜鸟餐饮店 30 天繁荣记》：帮助无数经营不善的店铺起死回生的日本餐饮第一顾问
定价：28.00 元

《最勾引顾客的招牌》：成功的招牌是最好的营销，好招牌分分钟替你召顾客！
定价：36.00 元

《会切西红柿，就能做餐饮》：没有比餐饮更好做的卖卖！ 饭店经营的"用户体验学"。
定价：28.00 元

《制造型零售业——7-ELEVEn 的服务升级》：看日本人如何将美国人经营破产的便利店打造为全球连锁便利店 NO.1！
定价：38.00 元

《店铺防盗》：7大步骤消灭外盗，11种方法杜绝内盗，最强大店铺防盗书！

定价：28.00元

《中小企业自媒体集客术》：教你玩转拉动型销售的7大自媒体集客工具，让顾客主动找上门！

定价：36.00元

《敢挑选顾客的店铺才能赚钱》：日本店铺招牌设计第一人亲授打造各行业旺铺的真实成功案例

定价：32.00元

《餐饮店投诉应对术》：日本23家顶级餐饮集团投诉应对标准手册，迄今为止最全面最权威最专业的餐饮业投诉应对书。

定价：28.00元

《大数据时代的社区小店》：大数据的小店实践先驱者、海尔电器的日本教练传授小店经营的数据之道

定价：28.00元

《线下体验店》：日本"体验式销售法"第一人教你如何赋予O2O最完美的着地！

定价：32.00元

《医患纠纷解决术》：日本医疗服务第一指导书，医院管理层、医疗一线人员必读书！ 医护专业入职必备！
定价：38.00 元

《迪士尼店长心法》：让迪士尼主题乐园里的餐饮店、零售店、酒店的服务成为公认第一的，不是硬件设施，而是店长的思维方式。
定价：28.00 元

《女装经营圣经》：上市一周就登上日本亚马逊畅销榜的女装成功经营学，中文版本终于面世！
定价：36.00 元

《医师接诊艺术》：2 秒速读患者表情，快速建立新赖关系！ 日本国宝级医生日野原重明先生重磅推荐！
定价：36.00 元

《超人气餐饮店促销大全》：图解型最完全实战型促销书，200 个历经检验的餐饮店促销成功案例，全方位深挖能让顾客进店的每一个突破点！
定价：46.80 元

《服务的初心》：服务的对象十人百样，服务的方式千变万化，唯有，初心不改！
定价：39.80 元

《最强导购成交术》：解决导购员最头疼的55个问题，快速提升成交率！
定价：36.00元

《帝国酒店——恰到好处的服务》：日本第一国宾馆的5秒钟魅力神话，据说每一位客人都想再来一次！
定价：33.00元

《餐饮店长如何带队伍》：解决餐饮店长头疼的问题——员工力！让团队帮你去赚钱！
定价：36.00元

《漫画餐饮店经营》：老板、店长、厨师必须直面的25个营业额下降、顾客流失的场景
定价：36.00元

《店铺服务体验师报告》：揭发你习以为常的待客漏洞　深挖你见怪不怪的服务死角　50个客户极致体验法则
定价：38.00元

《餐饮店超低风险运营策略》：致餐饮业有志创业者＆计划扩大规模的经营者＆与低迷经营苦战的管理者的最强支援书
定价：42.00元

《零售现场力》：全世界销售额第一名的三越伊势丹董事长经营思想之集大成，不仅仅是零售业，对整个服务业来说，现场力都是第一要素。
定价：38.00 元

《别人家的店为什么卖得好》：畅销商品、人气旺铺的销售秘密到底在哪里？ 到底应该怎么学？ 人人都能玩得转的超简明 MBA
定价：38.00 元

《顶级销售员做单训练》：世界超级销售员亲述做单心得，亲手培养出数千名优秀销售员！ 日文原版自出版后每月加印 3 次，销售人员做单必备。
定价：38.00 元

《店长手绘 POP 引流术》：专治"顾客门前走，就是不进门"，让你顾客盈门、营业额不断上涨的 POP 引流术！
定价：39.80 元

《不懂大数据，怎么做餐饮？》：餐饮店倒闭的最大原因就是"讨厌数据的糊涂账"经营模式。
定价：38.00 元

《零售店长就该这么干》：电商时代的实体店长自我变革。
定价：38.00 元

《生鲜超市工作手册蔬果篇》：海量
图解日本生鲜超市先进管理技能
定价：38.00元

《生鲜超市工作手册肉禽篇》：海量
图解日本生鲜超市先进管理技能
定价：38.00元

《生鲜超市工作手册水产篇》：海量
图解日本生鲜超市先进管理技能
定价：38.00元

《生鲜超市工作手册日配篇》：海量
图解日本生鲜超市先进管理技能
定价：38.00元

《生鲜超市工作手册副食调料篇》：
海量图解日本生鲜超市先进管理技能
定价：48.00元

《生鲜超市工作手册POP篇》：海量
图解日本生鲜超市先进管理技能
定价：38.00元

《日本新干线7分钟清扫奇迹》：我们
的商品不是清扫，而是"旅途的回忆"
定价：39.80元

《像顾客一样思考》：不懂你，又怎
样搞定你？
定价：38.00元

《好服务是设计出来的》：设计，是对服务的思考
定价：38.00 元

《让头回客成为回头客》：回头客才是企业持续盈利的基石
定价：38.00 元

《餐饮连锁这样做》：日本餐饮连锁店经营指导第一人
定价：39.00 元

《养老院长的 12 堂管理辅导课》：90%的养老院长管理烦恼在这里都能找到答案
定价：39.80 元

《大数据时代的医疗革命》：不放过每一个数据，不轻视每一个偶然
定价：38.00 元

《如何战胜竞争店》：在众多同类型店铺中脱颖而出
定价：38.00 元

《这样打造一流卖场》：能让顾客快乐购物的才是一流卖场
定价：38.00 元

《店长促销烦恼急救箱》：经营者、店长、店员都必读的"经营学问书"
定价：38.00 元

更多本系列精品图书，敬请期待！